中年から「稼げる士業」になる！

資格取得から開業準備まで

山下行政・労務コンサルティング代表
山下 清徳

めでぃあ森

はじめに

私は100以上の資格をもち、現在、「山下行政・労務コンサルティング」の代表をしています。開業後3年が経ちました。

開業2年目を過ぎた頃から、同業者だけでなく司法書士、税理士といった仲間にも業務を依頼しつつなんとか独りでやってきた仕事は、3年目を迎えて飽和量を超えアルバイトを2人雇いました。それでも仕事は増え続け、「うちで一緒にやらないか」と士業仲間に呼びかけて、準備を進めているところです。

社会全体を見れば、「士業資格を取れば稼げる」時代はすでに終焉を迎えています。ところが多くの士業試験は受験者が減らず、資格試験はどんどん難しくなっています。この現象を見ると、「士業資格をとり卒サラして一国一城の主になる」ことが、かつての私だけでなくサラリーマンの将来の夢だからだと考えざるをえません。

開業して「稼げる士業」になるためには、超えなければいけない4つの関門があります。

①どの国家資格を取得するか、正しい選択をすること
②資格取得計画を立てること=職業人生の再プランニングをすること
③効率のよい受験勉強をすること
④効果的な開業準備をすること　です。

100以上の資格取得のために、私が勉強したことは言うまでもありません。「学ぶこと」が好きでなければ、士業資格は取得できません。士業資格の取得を目指そうという人は、自覚がなくても学ぶことが好きなのではないかと思います。資格取得までの第一条件はこれでいいのです。しかし、開業して「稼げる士業」になるためには、学ぶだけでは足りません。効果的な方法を学んで実行する必要があります。

開業までの道のりは長いものです。

しかし、この長い道のりを俯瞰して、道筋を示す書籍が意外にも見当たりません。資格ガイド、資格取得のためのテキスト、士業として稼ぐためのノウハウ、それぞれについての書籍があふれているにもかかわらず、です。考えてみると、これらの本はピンポイントのテーマで書かれています。いわば「虫の目」本です。士業開業という職業人生の再プランニングに必要な、大きく俯瞰する「鳥の目」本がありません。それに気づいたとき、私は「資格取得のためだけのノウハウ本ではなく、開業までを視野に入れた本」を書きたいと考えました。

いつかは士業資格を取得して開業したいと思っている人は、まず本書を通読して全体の流れをつかみ、やらなければならないことをざっと知ってください。予想しなかったことが、いくつもあるはずです。1年後、2年後の参考になると思うところには付箋をつけてください。そして、一読後も本書を手元においてください。試験勉強を始めるときは改めて第3章を、国家試験に合格したら第4章をもう一度読んでほしいと願っています。

目次

装丁・デザイン／原田高志（オフィス・ムーブ）
イラスト／志田香織

序章

定年開業までの道のり

1 ブログも名刺も「資格マニア やまちゃん」

現在、私は100以上の資格をもっています。趣味の資格は「江戸文化歴史検定」だけで、あとはすべて士業ビジネスに関係する資格です。そのうち、国家資格は「行政書士」「社会保険労務士」「特定社会保険労務士」「1級ファイナンシャル・プランニング技能士」「宅地建物取引士」「貸金業務取扱主任者」「衛生管理者」「3級知的財産管理技能士」の8つです。他に「内部監査士」や「認定生命保険士」、「年金アドバイザー2級」といった難易度の高い資格も取得しています。

私のブログタイトルは「資格マニア やまちゃん」ですが、名刺にも記しているので、初めてお会いした方と必ずといっていいほど資格の話題になります。資格の数を聞いて驚かれた後、こんな質問が出たりします。

「いちばん役に立っている資格はなんですか？」

私は、笑ってこう答えます。

「全部です」

取っても意味がなかったという資格はないというのが、私の実感です。

（もっとも取ったことを忘れている資格も幾つかあります。）

「100以上、資格をとるのが目標だったんですか？」

とも、よく聞かれます。

「いえ、数えてみたら100を超えていました」

そう言うと、尊敬の眼差しをしてくれる人も、格好つけて答えているのではないかといった表情をする人もいますが、本当の話です。


名刺の肩書きには「特定社会保険労務士・行政書士」と書いてあるので、「行政書士や社会保険労務士のお仕事をしていらっしゃるんですね」と、言われます。

そう言われれば否定しませんが、会社顧問や相続という業務が多くなった現在は、あえていえばファイナンシャル・プランニング技能士の範疇に入る業務が多くなりました。とはいえ、会社顧問の業務には社会保険労務士の知識も行政書士の知識も欠かせません。会社の不動産取引をアドバイスするためには宅地建物取引士の知識も必要です。また、あらゆる場面においてコンプライアンスの知識は絶対要件です。
「全ての資格が役立っている」という先の言葉は、こんな実感によるものです。

国家資格を取れば実務ができるかといえば、決してそうではありません。資格をもっていることは仕事を受注するにあたっての必要条件にすぎません。

では、実務ができるようになるには士業事務所などに勤務して実務経験を積むしかないかといえば、そんなことはありません。しかし、初めての実務で失敗してクライアントの信頼を失ってしまうことがないように、事前準備が必要です。

1つの国家資格のまわりには、実務に直結する検定や講座が衛星のようにたくさんあります（第1章）。国家資格をとった後、開業して実務に困らないように、私はそれらを受講したり受験したりしているうちに資格が増えていました。

自分のもっている資格が100を超えているのに気が付いたのは、定年直前でした。若いころ同じ職場で働いていた仲間の定年のお祝いの席で、資格の話をしていたら、先輩から、某市の生涯学習センターで定年後の第二の人生設計と資格について話してほしいと依頼を受けました。初めての講演です。台本と資料作りにいそしみました。そのとき、資格の数を数えると100以上あったのです。

「山下さんは、資格マニアなんですね」と、先輩が言った言葉が印象に残り、講演会のタイトルは「中年資格マニアのチャレンジ人生」として、「資格マニア　やまちゃん」と自己紹介しました。以来、それを私のキャッチコピーにしています。

2 職業人生の転機「肩たたき研修」

誰にでも、転職や転勤といった職業上の大きな転機はいくつかあると思います。私の場合は転勤が多い生命保険会社の社員だったため、定年退職まで12回転勤しています。それぞれが転機だったといえるかもしれません。しかし、私のもっとも大きな転機は、「キャリアデザインセミナー」という社内研修でした。

平成15年2月19日から21日までの3日間、私はその社内研修を受講していました。年度初めに、59歳、54歳、49歳になった社員が全員参加した研修です。1月生まれの私は、そのとき50歳になっていました。

この研修の目的は、はっきりいえば「肩たたき」でした。勤務していた会社の新入社員は、私たちが入社した1975年（昭和50年）の数年前から、100人前後の採用数でしたが、私たちの年のみ300人強採用されました。この年代が高齢化・高給化し、会社は私たちの処遇に困っていたのです。

この「肩たたき」研修で、「トータル・ライフ・サポート・プログラム」というものが提示されました。会社人生後半の社員と会社の関係をトータルに見直そうというもので、次の3つの選択肢が示されました。

（1）転勤の心配なく希望する勤務地で働ける業務職員（いわゆる一般職）に職種変更すれば、給料は現在の7割ほどになるが、定年は65歳まで延長される。

（2）故郷に帰って勤務するサービス担当職員に職種変更すれば、給料は7割になるが、定年は65歳まで延長される。

（3）会社を早期に辞めて「新たなキャリアをスタートしたい」人には、退職金が割り増しされる選択定年制度がある。

50歳といえば、家のローンや子どもたちの学費でいちばんお金のかかる時期です。どれか1つを選ばなければならないわけではなかったので、私はどれも選びませんでした。だからといって、その後、会社で冷遇されるといったこともなく、むしろ50歳代前半は私の職業人生のなかで一番多忙な歳月になりました。

私と一緒に3日間の研修を受けた人たちは、65歳定年を選んだり、早期退職を選んだりさまざまでした。50歳前後で早期退職を選んだ人は「会社を辞めてもやっていける」自信のある人たちだったのでしょう。後年、優秀な人材が少なくなったと感じたものです。

●人脈と資格

その研修のカリキュラムには「人脈マップ」の作成という時間がありました。1枚のプリントには、自分を中心にして周りに8つの箱があり、それぞれに次のようなタイトルがついていました。

「社内①―職制上」「社内②―職制外」「社外・勉強会―仕事関係」

「趣味」「学生時代」「地域」「親戚」「その他―飲み友達・元同僚」

この8つに分けて、友人・知人の名前を書くという作業です。（203ページ参照）

作業を始めると、「社内」の2つの箱は埋まっても、残り6つの箱がほとんど埋まりません。会社員は皆そんなものかもしれませんが、私の場合は、勤務地が長岡、大阪、京都、新居浜、東京と何か所も移ってきたこともあり、社外の仕事関係の人脈がありませんでした。地域活動で生まれる人脈など、望むべくもありません。大学入学と同時に、福井から上京した私は、実家の冠婚葬祭にあわただしく帰るのが精一杯で、ごく浅い親戚づきあいになっていました。学生時代の友人とも疎遠……。

自分には人脈がない！

マンガなら「ガ〜ン！」と大きな文字が入りそうな、そんなショックでした。

一方、スキルアップの面では、私は50歳のこの時点で、1級ファイナンシャル・プランニング技能士、宅地建物取引主任者など40以上の資格を持っていました。会社では、資格の難易度により点数（ポイント）を決めて、社員が資格を取ることを勧めていましたから、「銀行業務検定」や「社内検定」などをたくさん受験していました。当時の得点順位は社員3000人のなかで30数番、定年の頃は1ケタの成績だったと思います。

この「肩たたき研修」を受けるまで、私は定年後の人生について具体的なことは何も考えていませんでした。しかし、研修を受けて私の中で大きな変化が生じました。

60歳になったら別のことをしたい、なにか資格を取って独立したい……。
そう思うようになりました。

3 50代は、仕事も資格も

50歳から定年までの10年は、仕事をしながら資格取得に励みました。といっても、50歳代前半は、本業も非常に忙しい時期でした。当時は、本社検査部に勤務していて、本社や子会社、関連企業の検査・監査が私の業務でした。とくにチームリーダーとして検査に臨むときは、徹底的に事前準備をしなければなりません。

数人でチームを組んで、全国を飛び回りました。それぞれの本社がある地方で1〜2週間、ホテルに泊まって調査をします。子会社や関連会社の役員にとって、我々のチームはあえていえば敵対する相手。かつての超人気TVドラマ『半沢直樹』の銀行役員と金融庁検査局のお役人のような関係です。私の任務はオネエ言葉で人気を博した片岡愛之助のようなものでした（残念ながら、外見も話し方も似ていませんが）。

そんな仕事をしながら、社会保険労務士、行政書士の試験勉強をしていました。

２つの国家試験に合格（２つとも、１回めは不合格で２年かかりましたが）した後は、先に述べた「実務に直結した」講習を受講したり資格をとったり、マーケティングの勉強のために月１回勉強会に通ったりしました。勉強会は人脈づくりにも大変役だちました。

④ 定年の翌日に開業

こうして万全の準備を整え、私が「山下行政・労務コンサルティング　山下行政書士事務所」を開業したのは２０１３年４月１日。定年退職の翌日でした。

こんな私の体験をもとに、第二の人生を考えている人やこれから国家試験を受けたい人、士業を開業して順調に業績を伸ばしたい人に本当に役だつ本を書きたいと思うようになりました。

第1章

さまざまな士業資格と関連資格

代表的な国家資格をまず1つ取得する

国家資格の中で、代表的な士業をさして「八士業」とよくいわれます。八つの士業とは、「弁護士」「司法書士」「土地家屋調査士」「税理士」「弁理士」「社会保険労務士」「行政書士」「海事代理士」です。しかし、実際の士業合同相談会などでは、この中から海事代理士を除き（船舶登録が必要な企業や個人はあまり多くないため）、代わりに「公認会計士」「一級建築士」「不動産鑑定士」「中小企業診断士」「宅地建物取引士」、「ファイナンシャル・プランニング技能士（ＦＰ技能士）」が参加することが多くなりました。これらの十二士業が需要の多い代表的な国家資格といえます。

これらの国家資格は一見バラバラに見えますが、大きく分けると「法務系」「財務・税務系」「不動産系」の三つに分かれます。この三つのほかに、医師、社会福祉士、理学療法士などを含む「医療・福祉系」もありますが、大きく違う理系士業なので本書では触れていません。

卒サラや定年後を見込んで資格取得にチャレンジし、士業開業を目指すなら、左ページにある代表的な国家資格を1つは取得することが必要です。

士業開業を目指す国家資格

太字は私がもっている資格、下線は卒サラや定年後を見込んでチャレンジする人が多い資格です。

法務系

- 弁護士
- 弁理士
- 司法書士
- 土地家屋調査士
- **行政書士**

財務・税務系

- 公認会計士
- 税理士
- **社会保険労務士**
- 中小企業診断士
- **ファイナンシャル・プランニング技能士**

不動産系

- 不動産鑑定士
- **宅地建物取引士**

❶ 40代、50代が目指したい国家資格

前ページの図にある「弁護士」「弁理士」「公認会計士」は学生時代から猛勉強して、資格を取れるか取れないかという資格であることは、よく知られています。これらの資格試験を目指した人がいったん夢をあきらめて会社員になったものの、初志貫徹を目指して再び資格試験にチャレンジすることはあります。しかし、ほとんどが20代～30代前半で、会社員を退職して万全の勉強体制で再チャレンジに臨むのが一般的です。

弁護士、弁理士、公認会計士資格は、40代以降になって会社員のまま取得できる国家資格ではないので（奇跡的な例外はありますが）、ここでは詳しく言及しません。

したがって、法務系では「司法書士」「行政書士」、財務・税務系では「税理士」「社会保険労務士」「中小企業診断士」「ファイナンシャル・プランニング技能士」、不動産系では「宅地建物取引士」の7つの資格が、40代から士業を目指すときに取得したい国家資格といえます。私は起業時に、7つのうち「行政書士」「社会保険労務士」「ファイナンシャル・プランニング技能士」「宅地建物取引士」の4つの国家資格を取得していました。

２ 社内資格を取得しておく

７つの国家資格のうち、どの資格を目指すのが効率的かといえば、会社員、職員としての業務の延長線上にある資格を目指すことです。つまり、人事・総務の役職に就いている人は社会保険労務士を、開発や許認可関連の仕事をしていれば行政書士を、経理関係者は税理士を目指すのが資格取得の近道です。

現在、多くの企業では民間検定の合格や資格取得が昇格の条件になっています。生命保険会社社員だった私は、会社員時代に銀行業務検定（41ページ）を13種、生保関連の資格を32種など、たくさんの企業内講座や検定を受けていました。士業開業を目指すにあたって、こういった民間資格をもっていたのはとてもラッキーなことでした。

社員時代に、昇進の条件となっている資格はいうまでもありませんが、できるだけ多くの資格をとっておくことです。なぜなら、「勉強グセがつく」、「自分の得意ジャンルがよくわかる」、「国家資格取得に必要な基礎知識が得られる」からです。

社内検定がある企業は、それほど多くないかもしれません。また、会社での業務とは全く関係がない士業の仕事をやりたい人もいるでしょう。そんなときは、何を基準に選べばいいのかと迷うこともあるかもしれません。

❸自分の性格にあった資格を選ぶ

最近、今年40歳になる女性から資格取得について相談を受けました。

40歳、50歳という年齢の節目を迎えるとき、「自分の人生はこれでよいのか」と考え、資格取得に向かう人は多いようです。

独身時代、彼女はＩＴ企業でＳＥとして勤務していましたが、夫の転勤でその会社を辞めざるを得なくなり、現在は公的機関で情報処理の仕事をしています。情報処理関連の資格も官民問わず種類が非常に多く、手が出ないジャンルもあるとのことでした。自分が取れそうな情報関連の資格を取り終えた後、彼女は他ジャンルの国家資格に目を向けました。「進化の激しいＩＴ関連の業務を自分はいつまでやれるだろうかという不安もあって」とのことでした。

彼女は、書店や図書館で国家資格の問題集をぱらぱら読むことから始めました。その中で食指が動いたのは「ファイナンシャル・プランニング技能士」でした。「3級はわりと簡単でした。生命保険の知識など、誰でももっていて損はない知識を試験勉強で知りました」とのことです。現在、2級取得のための勉強中と言います。そこで「FPだけで起業してやっていくのは難しい。今後、士業を目指すなら国家資格は2つ、それに付随する民間資格をできるだけ多くとっておいたほうがよい」と、後述する私の持論を伝えました。

すると、彼女は、「もう1つの国家資格を選ぶとき、問題集を立ち読みしただけでダメだと思う資格でも、やってみればなんとかなるんでしょうか」と尋ねます。できそうもない資格が多いことに引け目を感じているようでした。「受かりそうもない資格にはチャレンジしない。できそうな、好きな資格にチャレンジする。その方針でいいんですよ」と答えると、ほっとしたようでした。

彼女の相談でもっとも気になったのが、それほど興味がない、あるいは自分には難しいと思える資格であっても、将来を見据えてチャレンジすべきかという迷いでした。自分の苦手意識が劣等感につながる心配もありました。

士業起業のために、現業と関係のない資格を取ろうとするときの選び方の留意点を整理します。

メインにする資格は26ページで述べた7つの中から1つ選びます。その時、人気度や需要度、難易度が気になるかもしれません。しかし、そういった外的要因を考慮する前に考えてほしいのが、資格をとって業務に就いた時、その仕事が苦にならないかどうかです。社会的地位が高くても、需要が多くても、自分にとって業務が苦痛になるような資格を選ぶ必要はまったくありません。

私は100以上の資格をもっていますが、税理士の資格をもっていません。数字は嫌いではありませんが、数字を中心とした業務より、人と話すことのほうが得意でした。率直にいえば、税理士試験に食指が動かなかったのです。

自分を振り返っても士業の友人たちを見ていても、「自分の性格にあった資格」を選ぶことがもっとも大切だと感じています。

人と話すのが好きか？　数字は好きか？　法律の条文を読むのが苦痛でないか？　といった視点からチャレンジに適した資格を選ぶのがよいでしょう。人と話したり相談に乗ったりするのが得意なら、社会保険労務士、中小企業診断士、ＦＰ技能士、宅地建物取引士。法律の条文を読むのが苦にならないのなら、司法書士、社会保険労務士、行政書士。数字が好きなら、税理士といった選択が適しています。

性格から資格を選ぶ

● 人と話すのが得意

社会保険労務士、中小企業診断士、ＦＰ技能士、宅地建物取引士

● 法律の条文を読むのが得意

司法書士、社会保険労務士、行政書士

● 数字を扱うのが得意

税理士

国家資格＋民間資格で稼げる士業を目指せ

「士業開業を目指すなら、代表的な国家資格をまず1つ取得」と書きましたが、大切なことは、「まず1つ」です。

現代は「ダブルライセンスの時代」と言われます。この場合のダブルとは国家資格2つを指すと考えられますが、公的資格や権威ある民間資格とあわせてトリプルライセンスを目指すのがお勧めです。人と同じことをやっても勝てませんからね。

ダブルやトリプルを勧める理由は明白です。最難関の国家資格である「弁護士」でさえ、今や「イソ弁」ならぬ「ノキ弁」と言われる時代です。代表的な国家資格を1つもっていれば食いっぱぐれがない、というこれまでの常識が通用しなくなっているからです。

1 1つでは独立開業が難しい国家資格もある

代表的な国家資格の中でも、1つでは独立開業してやっていくのが難しい資格もあります。これ一本で活躍している友人もいますが、「FP技能士」の資格がそれにあたります。注目度の高い国家資格なので意外に思われるかもしれません。しかし、まだ日本では書類作成といった実務に比べて、FPの業務である相談や提案、つまりコンサルティングに対して個人が対価を支払う習慣がそれほど定着していず、注目の資格のわりに独立開業でやっていくのは難しいと考えられます。

目下は、銀行や保険会社などの社員が顧客の信頼を高めるためにこの資格を取得することが非常に多いという状況です。今後、どう状況が変わるかわかりませんが、代表的な国家資格でも1つのライセンスだけでは独立開業が難しいという代表的な例です。

宅地建物取引士も人気のある国家資格ですが、これもまた、不動産関係の企業に勤務する人が取得することが多い資格です。宅地建物取引士という資格だけで開業している人はいませんが、不動産関連の独立開業に欠かせない資格ではあります。

② 業務の幅を広げると、法律違反になることがある

どの士業でも今や過当競争の時代です。顧客獲得のためにニーズに応えようとすれば、業務の幅を広げざるを得ないという現状もあります。1つの資格があれば、他の士業の業務がなんでもできるオールマイティの資格は「弁護士」だけです（ただし、他士業の登録は必要です）。

士業の業務内容は法律で定められている「独占業務」なので、司法書士の業務を中小企業診断士がやったり、行政書士の業務を税理士がやると法律違反になります。

たとえば会社設立の際、定款作成は行政書士および司法書士、登記申請は司法書士、労働保険やハローワークの届け出は社会保険労務士、税務署や都税、市税に関する届け出などは税理士の業務になります。つまり、会社設立の発起人が税理士Aさんに依頼すれば、Aさんは行政書士であるBさんに定款作成を、司法書士であるCさんに登記申請を、社会保険労務士のDさんに労働保険等の手続きを依頼するというのが法を遵守したやり方になります。また、税理士が定款作成や登記申請書類を作成し、個人の申込人があたかも作成申請したかのように手続きをすることは、違法になります。

3 国家資格と民間資格を組み合わせる

代表的な国家資格は、FP技能士を除いて試験が年1回しか実施されません。年に1度のチャンスを逃せば翌年までその資格を取得する機会がないので、国家試験にチャレンジする場合は「長丁場」を覚悟しなければなりません。

最初の年は国家試験1本で手一杯のはずですが、3回目、4回目と回を重ねることになれば中だるみも出てきます。中だるみをなくすためにも、本命の国家試験の勉強になる軽めの民間資格の講座や資格を受けるとよいと思います。そのときは、まず日商簿記検定をお勧めします。ほかには、たとえば「社会保険労務士」を狙っているなら「年金アドバイザー」や「メンタルヘルスマネジメント検定」、「行政書士」狙いなら「マイナンバー実務検定」や「環境社会検定（ECO検定）」といった関連資格です。

これらの民間の講座や資格は、本命の国家試験の範囲の一部を基礎から学び直すものであったり、部分的だがやっておけば本命の試験に役立つものであったりします。そして、これらの民間資格をもっておけば、独立開業後、実務に携わるときに非常に役だちます。

④ 日商簿記検定2級は士業の基礎資格

資格には国家資格と民間資格があります。民間資格の中で権威あるものを公的資格と呼んだりします。

そのなかで、士業を目指すなら、ぜひとっておきたいのが「日商簿記検定2級」です。この知識があれば財務諸表を読んで企業の経営状況を把握できるので、「税理士」はいうまでもなく、その他の財務・労務に関わる「社会保険労務士」「中小企業診断士」「FP技能士」には必須の資格といえます。さらに不動産系の「不動産鑑定士」「宅地建物取引士」、法務系の「行政書士」「土地家屋調査士」といった資格をめざす人にもお勧めです。たとえば、行政書士の業務の1つに「建設業の許可申請」がありますが、簿記や財務の知識は絶対条件です。

2級合格には商業高校卒業レベルの商業簿記・工業簿記・初歩的な原価計算の知識が必要とされていますが、実際はなかなか難しく、私は3ヵ月間、土日に専門学校で簿記講座を受講して取得しました。

国家資格＋民間資格のメリット

- 1つでは独立開業が難しい時代
- 業務を広げられる
- 国家資格を補完する民間資格で
実務の知識が広がる

文系士業5資格と関連資格

先に述べたように、代表的な国家資格のうち、「弁護士」「弁理士」「公認会計士」は会社勤めをしながら取得するのは、本人の資質や決意次第とはいえ不可能に近い資格です。卒サラを目指してチャレンジするなら、法務系では「司法書士」「行政書士」「土地家屋調査士」、財務系では「税理士」「社会保険労務士」「中小企業診断士」「FP技能士」、不動産系では「宅地建物取引士」「不動産鑑定士」といった資格になります。さらに、この中で、1つの資格を取得しただけでは独立開業が難しいけれども、併せてもつと非常に有利になるのが「FP技能士」と「宅地建物取引士」です。

私はこのなかでは、「行政書士」「社会保険労務士」「宅地建物取引士」「1級FP技能士」をもっていますが、これらの国家資格のまわりには、業務の範囲を広げたり、キャリア・アップを目指したり、専門性を深めたりする多くの資格があります。

この4資格に税理士を加えた5資格の資格関係図を作成し、それぞれの資格について解説します。

1 行政書士と関連資格

❶-① 行政書士（国家資格）

「街の法律家」といわれる行政書士は、契約書や官公署に提出する書類の作成、提出の代理・代行など、行政手続きに関する幅広い業務を行います。行政書士の業務を行うには、年1回の国家試験に合格し、日本行政書士会連合会に登録します。行政書士試験は年々難しくなっていましたが、２０１５年度は合格率13％とやや広き門になりました。

❶-② 特定行政書士（国家資格）

２０１５年12月にできた新しい資格です。それまでは、官公署に提出した書類の許認可等の不服申し立て手続きを本人に代わって行えるのは弁護士だけでしたが、特定行政書士もその業務が行えるようになりました。行政書士が、日本行政書士会連合会が実施する特定の研修を修了して、特定行政書士になります。

❶-③ 司法書士（国家資格）

司法書士は、不動産取得や法人設立など全ての登記・供託の代理や、裁判所・検察庁・法務局といった官庁に提出する書類の作成などの業務を行います。国家試験の合格率は3％台と超難関で、合格に必要な暗記量は弁護士や公認会計士を上回るともいわれます。

❶-④　ビジネス実務法務検定（公的資格　1級　2級　3級）

東京商工会議所が主催する検定試験です。ビジネス上の不祥事や紛争を避けるには法律の知識が不可欠のため、法人取引、法人財産の管理、債権の管理と回収など、ビジネスで必要な実務的な法律知識を問う試験です。2級と3級は誰でも受験できますが、1級は、2級合格者のみが受験できます。試験は7月と12月の年2回です。

行政書士資格にあわせて持つと実務範囲が広がる資格

●日商簿記検定　⬇36・71ページ
●宅地建物取引士　⬇58ページ
●社会保険労務士　⬇50ページ
●ＦＰ技能士またはＣＦＰ　⬇66ページ
●中小企業診断士　⬇41ページ

【行政書士の専門性を深める資格や講習】

行政書士資格取得の前でも後でも取得できる専門性を深める資格や講習をピックアップしました。

◆中小企業診断士（国家資格）

中小企業診断士は、中小企業の経営について診断・助言を行う国家資格で「日本版ＭＢＡ（経営学修士）」ともいわれています。中小企業診断士として独立開業する人は３割未満で、７割以上は「企業内診断士」として業務を行っています。資格取得には、第１次試験合格後、養成課程の受講を修了する方法と、第２次試験合格後３年以内に実務従事要件を満たすか、実務補習（15日間）を修了する方法があります。

◆銀行業務検定（民間資格　２級　３級　４級）

株式会社経済法令研究会が設立した銀行業務検定協会が実施している検定試験です。銀行や信用金庫、生命保険・損害保険会社といった金融関連企業での昇進の要件になっていることが多いため、受験者は年間約30万人。

23系統37種目の試験が含まれます。内訳は、法務・財務・税務・外国為替・金融経済・証券・信託実務・法人融資渉外・個人融資渉外・FA・窓口セールス・年金アドバイザー・営業店管理・融資管理・デリバティブ・投資信託・保険販売・金融リスクマネジメント・経営支援アドバイザー・預かり資産アドバイザー・金融商品取引・相続アドバイザーなど。

合格率は、4級が70％前後、3級が35％前後、2級が30％前後。試験は年3回、6月・10月・3月です。

私がチャレンジしたのは、20代後半から30代前半でした。「法務」「財務」「税務」「年金アドバイザー」「FA」の各検定13種目、4～2級を取得しています。行政書士試験や業務と深く関係するのは、銀行業務検定の中の「法務」と「財務」「税務」です。

◆知的財産管理技能士（国家資格　1級　2級　3級）

企業や団体の在職中に取っておきたい資格で、企業や団体所属「内部」で知的財産に関する社員・職員の能力を国が証明するという国家資格です。「能力」を証明するだけで、弁護士や弁理士のように知的財産に関する業務を行えるわけではありませんが、特許、ブランド、コンテンツといった知的財産に関わる業務に従事する者が知っておきたい知識が問われます。2級以上は知的財産に関する実務経験が受験資格となっています。就職、転職やキャリア・アップにつながるので受験者は学生にも広がっています。

試験は年3回、7月・11月・3月に実施されます。

私は、会社員だった2010年、57歳のとき、行政書士合格から2年後に将来を見据えて3級を取得しました。

◆マイナンバー実務認定（民間資格　1級　2級　3級）

2015年から「マイナンバー制度」が実施されました。このマイナンバー制度を理解し、特定個人情報を保護し、適正な取り扱いをするための知識を認定する試験です。民間資格で、一般財団法人全日本情報学習振興協会が主催します。上から1級、2級、3級と分かれ、マイナンバー実務検定1級と個人情報保護士認定試験を取得すると「マイナンバー管理士（CMO）」と認定されます。

マイナンバー制度の知識は、今後、行政書士業務に欠かせないのはあきらかなので、私は2016年3月に3級を受験、満点合格でした。試験の難易度にかかわらず、満点合格は気分がいいものです。大きな目標に行き詰まったときや、年に1度しか実施されない（ことが多い）国家資格受験の合間に、民間資格の受験をはさんで合格すると、煮詰まった気分が解消されます。満点合格ならなおさらです。

◆成年後見人養成講座（民間資格）

認知症などで法律上の行為について自分で判断が難しくなった時、本人や家族などの請求に基づき、家庭裁判所が後見人を選任します。後見人になるのは家族や弁護士、司法書士、社会福祉士、社会保険労務士、行政書士などの専門職が多いのですが、人数が不足するため、自治体、大学、財団法人民事法務協会等が一般市民の担い手を養成する講座を開催しています。

講座を受講しても何かの「資格」が得られるわけではありませんが、相続案件の業務を視野にいれるなら、受けておいて損はない講座です。独立開業から2年後の平成26年度講習を受講し、翌年度も受講しました。

こういった講習の受講は人脈づくりや仕事受注にもつながります。

◆特別管理産業廃棄物管理責任者（民間資格）

産業廃棄物とは、事業活動によって生じた廃棄物のうち、燃え殻、汚泥、廃油、廃酸、廃アルカリ、廃プラスチック類その他政令で定める廃棄物と輸入された廃棄物です。特別管理産業廃棄物とは、産業廃棄物のうち、原油などの爆発性、廃酸、廃アルカリなどの毒性、感染性など人の健康または生活環境に係る被害を生ずるおそれがあるものです。特別管理産業廃棄物管理責任者は、特別管理産業廃棄物を生ずる事業場ごとに、事業者によって指定される職制で、廃棄物の処理が適切に行われるよう管理します。特別管理産業廃棄物管理責任者になれるのは、原則として医師等の国家資格、または学歴や一定年数以上の実務経験が必要ですが、財団法人日本産業廃棄物処理振興センターが実施する講習会を受講し修了試験に合格すれば、資格がとれます。

私はこの講習の直前に「産業廃棄物管理責任者」講習も受講し、資格をとりました。定年が目前に迫った２０１１年、58歳のときで、当時、ビル管理会社の所長をしていたので、必要に迫られて取った資格です。その知識が「行政書士」や「宅地建物取引士」の業務に役立っています。

◆建設業経理士・建設業経理事務士（民間資格）

建設業に関する経理実務試験は、財団法人建設業振興基金が実施します。年2回実施で、4級から1級まで。1級・2級試験の合格者が建設業経理士、3級・4級試験の合格者が建設業経理事務士です。1級は、原価計算・財務諸表・財務分析の3科目の試験を5年以内に合格しなければなりません。建設業で経営事項審査をする際の絶対必要な資格になります。

◆防災管理者（民間資格）

防災管理者は、消防法に基づき避難訓練の実施その他火災以外の災害による被害の軽減のための活動の計画または実施等の責務を負う国家資格です。建築物等の所有者か管理者によって選任されますが、選任されるのは、防火管理講習の課程を修了し、実務経験などの要件を満たした人で、防災管理者になると5年ごとの再講習が義務付けられます。

私はこの資格も「特別管理産業廃棄物管理責任者」資格と同じ年に取得しました。理由も同じ、ビルの管理には必要な資格だったからです。このほか、「甲種防火管理者」という資格ももっています。

◆内部監査士認定（民間資格）

内部監査士の主な仕事は、取締役や従業員の不正がないように、会社のチェック機能の仕組みを確認し、それを遵守させて監視・助言することです。この資格は、一般社団法人日本内部監査協会が主催する内部監査認定講習会を修了したものに与えられる国内の民間資格です。なお、国際資格は「公認内部監査人」ＣＩＡと称し、ＣＩＡ資格認定試験に合格して要件を満たした者に与えられます。

◆貸金業務取扱主任者（国家資格）

消費者金融などでの違反が社会問題化したため２００３年に貸金業法が改正されました。これにより、貸金業者は国家資格試験に合格し登録を完了した貸金業務取扱主任者を営業所（事務所）ごとに配置し、他の従業員に法令の遵守を助言・指導させることになりました。それまでは研修で取得する民間資格でしたが、旧資格者も国家試験を受験し合格することが必要となりました。

私は、行政書士を取得した翌２００９年、58歳のときに開業を見据えて取得しました。金融業界に長くたずさわっていましたので、最も取りやすかった資格です。

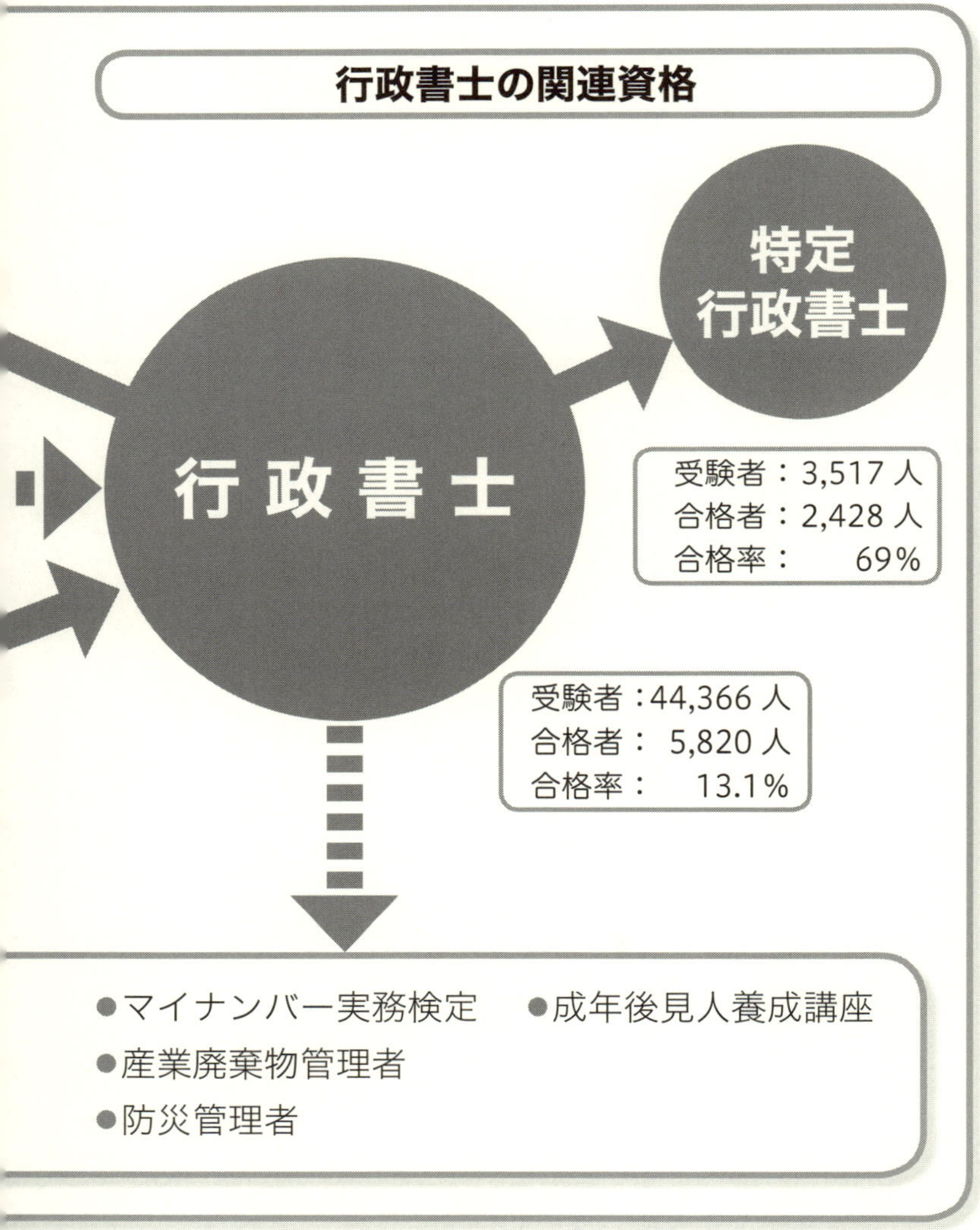
行政書士の関連資格
特定
行政書士
受験者：3,517 人
合格者：2,428 人
合格率：　69%
行政書士
受験者：44,366 人
合格者：5,820 人
合格率：　13.1%
●マイナンバー実務検定
●成年後見人養成講座
●産業廃棄物管理者
●防災管理者

受験者：17,920 人
合格者：　707 人
合格率：　3.9%

司法書士

あわせて取得すると実務範囲が広がる資格

（公）日商簿記検定
（国）社会保険労務士
（国）中小企業診断士
（国）宅地建物取引士
（国・民）ＦＰ

ビジネス実務法務検定（3～1級）

専門性を深める資格や講習

- 貸金業務取扱主任者
- シニアライフプランナー
- 特別管理産業廃棄物管理責任者

❷ 社会保険労務士と関連資格

❷-① 社会保険労務士（国家資格）

社会保険労務士は企業の労務管理や社会保険に関する相談・指導を行い、官公署に提出する書類を作成します。社会保険労務士になるには、10％を切る合格率の国家試験に合格した後、2年以上実務に従事するか、または4か月間の講習を修了しなければなりません。自分で独立開業するほか、企業に勤務してその企業に限定した仕事をすることもできます。試験は年1回、8月第4日曜です。

❷-② 特定社会保険労務士（国家資格）

社会保険労務士は労使間の紛争に介入することができませんでした。しかし、2007年以降は、社会保険労務士資格をもつ者が特別研修を受けた後、紛争解決手続代理業務試験に合格し、社会保険労務士名簿にその旨を付記すると、特定社会保険労務士となります。裁判所での訴訟以外の紛争に対して、労使双方に対して法律的側面からアドバイスをしたり、トラブルを未然に防ぐ相談に応じたりすることができるようになりました。合格率は

60％前後というものの、社会保険労務士の上位資格であり、試験の難易度は高いものです。

紛争解決手続代理業務試験は年1回、11月第3土曜日に実施。

❷-③ 銀行業務検定（民間資格）

「行政書士と関連資格」の41ページを参照。

社会保険労務士資格取得前のステップとしては、銀行業務検定の「財務4～2級」が役立ちます。


社会保険労務士資格にあわせてもっと実務範囲が広がる資格

- 日商簿記検定 ➡36・71ページ
- 中小企業診断士 ➡41ページ
- 行政書士 ➡39ページ
- ＦＰ技能士またはＣＦＰ ➡66ページ

【社会保険労務士の専門性を深める資格や講習】

社会保険労務士の資格取得の前でも後でも取得できる専門性を深める資格や講習をピックアップしました。

◆メンタルヘルス・マネジメント（公的資格　Ⅰ種　Ⅱ種　Ⅲ種）

メンタルヘルス・マネジメント検定は、大阪商工会議所が実施する検定です。国家資格ではありませんが公的性質を帯びたものとして公的資格に分類されています。Ⅰ種・Ⅱ種・Ⅲ種の3つのコースがあり、Ⅰ種（マスターコース）の対象は人事労務管理スタッフや経営幹部で、会社全体のメンタルヘルス計画の立案・実施をめざすもの、Ⅱ種（ラインケアコース）の対象は管理監督者で、部下が不調に陥らないことをめざすもの、Ⅲ種（セルフケアコース）の対象は一般社員・新入社員で、自らのストレスの状況・状態を把握することをめざすものです。なお、２０１５年11月には、50人以上の職場でストレスチェックが義務づけられました。メンタルヘルス問題が社会問題として無視できなくなってきたからです。

私は社会保険労務士の資格取得から4年後に取得しました。２００８年当時、私は55歳で、損害保険会社の監査コンプライアンス統括部門長でしたが、メンタル面の問題を抱えた部下がいました。社会全体をみても「メンタルヘルス」が重要課題となっていることは明らかでした。定年まであと5年間、管理職として働くためにはメンタルヘルスは避けて通れない問題だと考え、この資格のII種を取得しました。II種は「管理監督者が部下が不調に陥らないことをめざす」ラインケアコースです。

◆DCプランナー（民間資格　1級　2級）

ＤＣプランナーは、日本の私的年金制度の1つである確定拠出年金（ＤＣ）が導入された２００１年に創設された資格です。公的年金や退職金制度、金融商品や投資、ライフプランニング等の幅広い知識を必要とするため「企業年金総合プランナー」とも呼ばれます。日本商工会議所と金融財政事情研究会が共催する試験に合格し、日本商工会議所に登録すると与えられる民間資格です。

私は、社会保険労務士資格を取得した翌２００４年、52歳のときに、定年後の開業を見据えて取得しました。理由は言うまでもなく、確定拠出年金の知識が社会保険労務士に必須だからです。

◆年金アドバイザー（民間資格　2級　3級　4級）

公的年金の仕組みや年金額の計算方法などの知識について、銀行業務検定協会が認定する資格で、上から2級、３級、４級と分かれます（1級はありません）。金融機関の営業窓口の相談員や社労士の受験生などは3級に挑戦します。

社会保険労務士業務と年金は切っても切れない関係なので、私は、ＤＣプランナー取得の翌年、年金についてさらに詳しく知るために、民間の「年金プランナー養成講座」を受講し、翌２００８年に「年金アドバイザー2級」を取得しました。

すでに社会保険労務士の資格をもっていても年金アドバイザー2級が簡単に取れるかというとそうではありません。出題範囲は社会保険労務士試験の一部だけですが、突っ込んだ勉強が必要です。社会保険労務士資格をとるために、年金アドバイザーの資格は不要ですが、この勉強をしておけば、社会保険労務士の資格試験が簡単に感じられるので、並行してチャレンジするとよいと思います。

◆マイナンバー実務検定　（民間　1級　2級　3級）

「行政書士と関連資格」の43ページを参照。

社会保険労務士の業務にもマイナンバーの知識は欠かせないものです。

◆シニアライフプランナー（民間資格）

高齢者の生活を守り豊かにするための、ジェロントロジー（老年学）をはじめとしたシニアライフに関する知識を取得するための講座と資格で、「一般社団法人シニアライフ協会」が認定します。

シニアライフに関する民間の講座や資格はほかにも多く、たとえば「一般社団法人　高齢者の住まいと暮らしの支援センター」が認定する同名の養成講座もあります。

社会保険労務士といえば企業が対象でシニアライフは一見、無関係に思えるかもしれませんが、年金相談等はまさにシニアライフの相談です。また相続・遺言等の行政書士業務においてもこの知識は必須です。

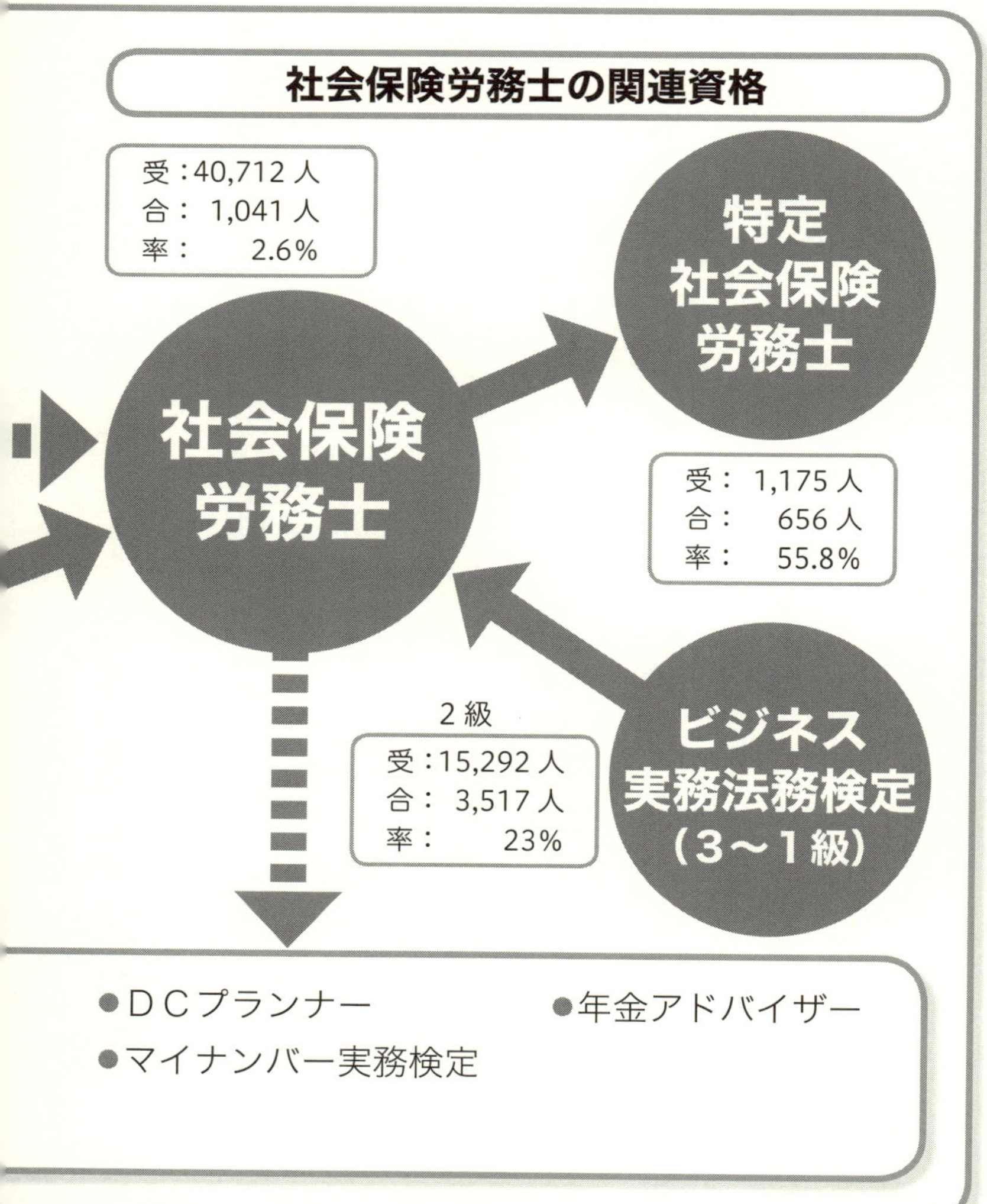
社会保険労務士の関連資格
受：40,712 人
合： 1,041 人
率： 2.6％
社会保険労務士
特定社会保険労務士
受： 1,175 人
合： 656 人
率： 55.8％
ビジネス実務法務検定（3～1級）
2級
受：15,292 人
合： 3,517 人
率： 23％
●ＤＣプランナー
●年金アドバイザー
●マイナンバー実務検定

あわせて取得すると実務範囲が広がる資格

（公）日商簿記検定
（国）行政書士
（国）中小企業診断士
（国・民）ＦＰ

銀行業務検定（4～2級）

専門性を深める資格や講習

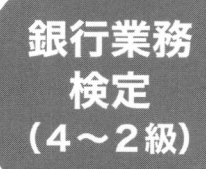

- メンタルヘルスマネジメント
- 年金プランナー
- シニアライフプランナー

❸ 宅地建物取引士と関連資格

❸-① 宅地建物取引士（国家資格）

最も人気が高い国家資格の1つで、毎年20万人近い人が受験し、合格率は10数%です。宅地建物の購入者には、物件と契約内容について重要事項を記載した書面を交付して説明を行うことが義務づけられていますが、これは宅地建物取引士だけができる行為です。また、宅地建物取引業者は、原則として従業員5人に1人の割合で専任の宅地建物取引士を置くことが義務付けられています。

私にとっては衛生管理者に次ぐ2つめの国家資格で、当時の呼称は「宅地建物取引主任者」でした。生命保険会社の新入社員だった23歳の私は、上司の勧めにより取得しました。生命保険会社とはいえ、当時は日本で3番目の投資不動産所有会社であり、所有する不動産やビルの管理、不動産売買も今後ますます増えるだろうから、この資格をもっておいたほうがよいという勧めによるものでした。

❸-② マンション管理士（国家資格）

２００1年に誕生した国家資格で、合格率は8％前後。宅地建物取引士の試験より合格率は低いが、難易度は同程度です。マンション管理組合の運営や大規模修繕等の建物構造上の技術的問題、その他マンションの維持・管理に関して、管理組合の管理者やマンションの区分所有者などの相談に応じて、助言や指導、援助等のコンサルティング業務を行います。

❸-③　不動産鑑定士（国家資格）

土地や建物など不動産の価値を判定して公的な資料を作成することができるのは、不動産鑑定士だけに認められた業務です。企業や個人の依頼で、売買取引や融資担保、課税額算出の参考としての鑑定評価を行いますが、国や地方自治体が行う地価公示も不動産鑑定士の仕事です。宅地建物取引士資格を取得後の、ステップアップの資格の1つです。

❸-④　土地家屋調査士（国家資格）

不動産の権利に関する登記手続を行うのは司法書士ですが、不動産の表示に関する登記（権利に関する登記を除く）のために、土地や建物の所在・形状・利用状況などを調査・

測量することは、土地家屋調査士にのみ認められた業務です。これも、宅地建物取引士資格を取得後のステップアップの資格の1つです。

❸-⑤ 司法書士（国家資格）

「行政書士と関連資格」の39ページを参照。

宅地建物取引士がステップアップのためにチャレンジする資格は、「不動産鑑定士」や「土地家屋調査士」が多く、司法書士をめざす人はそれほど多くありませんが、この難関に挑む人もいます。

宅地建物取引士資格にあわせてもつと実務範囲が広がる資格

- 日商簿記検定 ➡36・71ページ
- 社会保険労務士 ➡50ページ
- 行政書士 ➡39ページ
- FP技能士またはCFP ➡66ページ

【宅地建物取引士の専門性を深める資格や講習】

宅地建物取引士の資格取得の前でも後でも取得できる、専門性を深める資格や講習を、ピックアップしました。

◆建設業経理士・建設業経理事務士（民間資格）

「行政書士と関連資格」の46ページを参照。

おもに建設業の企業内で経理部門に従事する人を対象とする資格ですが、この資格所有者が多いほど、大きい仕事を引き受けやすいとも言われます。

◆不動産コンサルティング技能士（民間資格）

公益財団法人不動産流通推進センターが実施する資格試験です。不動産の証券化が進行するなど、不動産の有効活用や投資・相続対策といった多様なニーズに対応できる人材を養成するための試験です。

受験資格があるのは、宅地建物取引士・不動産鑑定士・一級建築士などで、合格後5

年以上の実務経験があるなど一定の要件を満たせば「公認 不動産コンサルティングマスター」に認定されます。

◆**特別管理産業廃棄物管理責任者（民間資格）**

「行政書士と関連資格」の45ページを参照。

この資格は宅地建物取引士はもちろん、行政書士で産業廃棄物の申請書類を取り扱う業務を専門分野の1つとするときは、ぜひ取得したい資格でもあります。

◆**防災管理者（国家資格）**

「行政書士と関連資格」の46ページを参照。

私は、この資格も「特別管理産業廃棄物管理責任者」資格と同じ年に取得しました。理由も同じ、ビルの管理には必要な資格だったからです。

宅地建物取引士は
毎年20万人も受験する
超人気国家資格だ
20万人

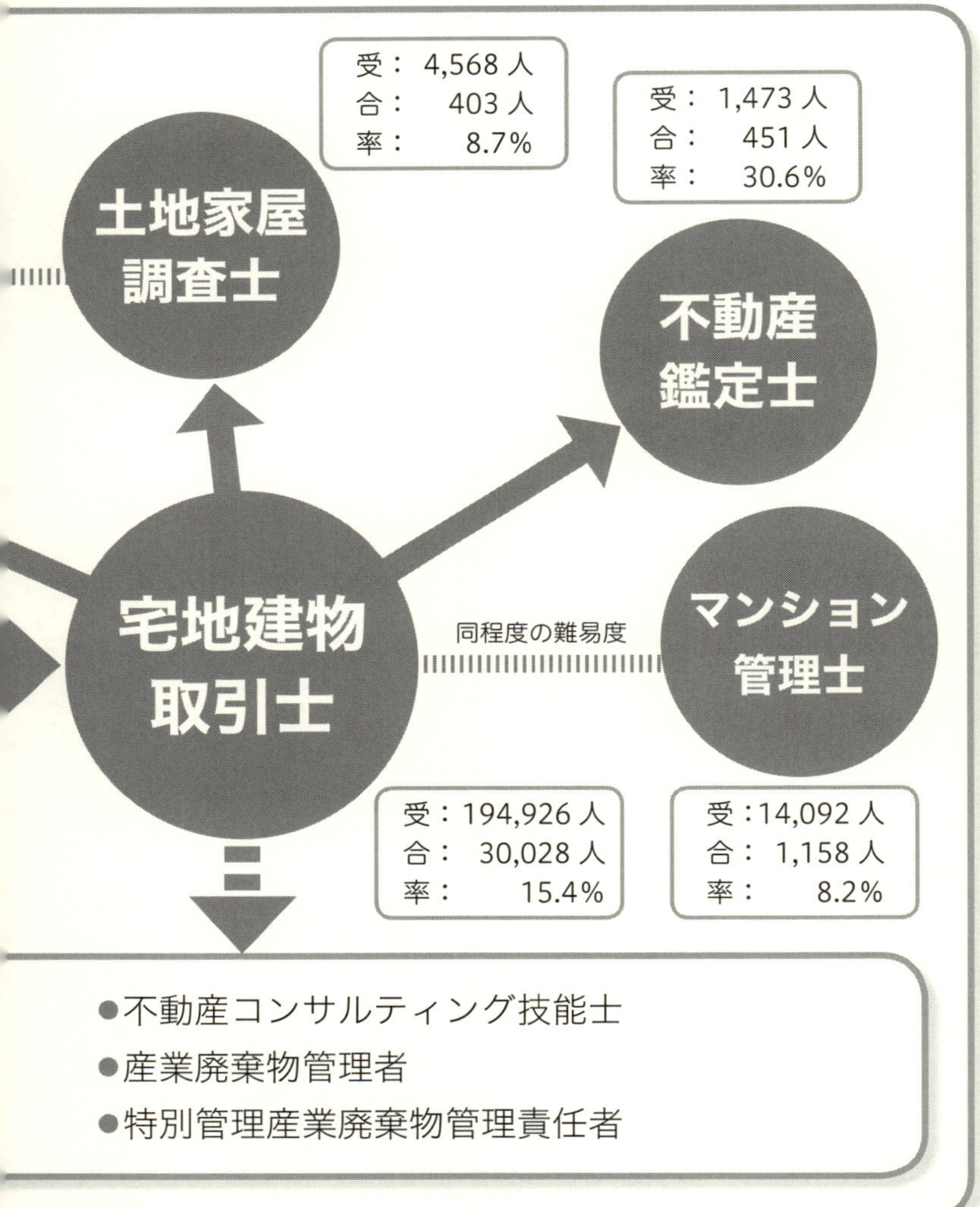
受： 4,568 人
合： 403 人
率： 8.7%
土地家屋調査士
受： 1,473 人
合： 451 人
率： 30.6%
不動産鑑定士
宅地建物取引士
同程度の難易度
マンション管理士
受：194,926 人
合： 30,028 人
率： 15.4%
受：14,092 人
合： 1,158 人
率： 8.2%
●不動産コンサルティング技能士
●産業廃棄物管理者
●特別管理産業廃棄物管理責任者

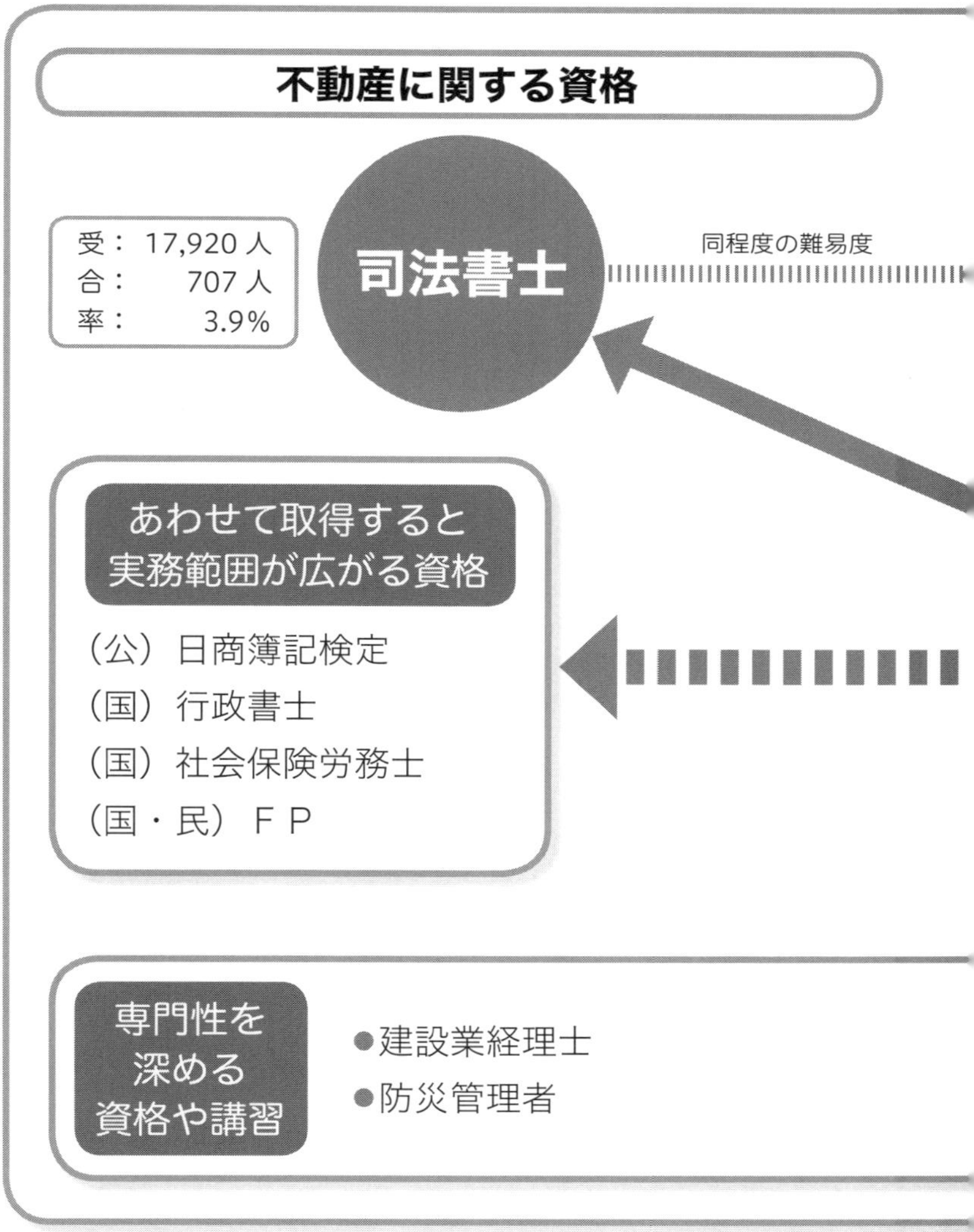

不動産に関する資格
受：17,920人
合：707人
率：3.9%
司法書士
同程度の難易度
あわせて取得すると実務範囲が広がる資格
（公）日商簿記検定
（国）行政書士
（国）社会保険労務士
（国・民）ＦＰ
専門性を深める資格や講習
●建設業経理士
●防災管理者

❹ ファイナンシャル・プランニング技能士と関連資格

❹-① ＦＰ技能士（国家資格　1級　2級　3級）

ＦＰ技能士は「ファイナンシャル・プランニング技能士」の略称（英語名はCertified Skilled Worker of Financial Planning）で、一般的にはファイナンシャル・プランナーと呼ばれる国家資格です。

顧客の資産・収支・家族構成などをもとに、住居・教育・老後など将来のライフプランニングのための貯蓄・投資等の資金計画やアドバイスを行います。技能検定試験は、実務経験や関連する資格の取得状況に応じて、３級、２級、１級の区別があり、ＮＰＯ法人日本ファイナンシャル・プランナーズ協会と一般社団法人金融財政事情研究会が試験を実施します。３級・２級の試験は5月・9月・1月、１級試験は9月・1月に実施されます。

私が勤務していた会社では、ＦＰ技能士が国家試験になった２００１年に、社員にＦＰ技能士１級の資格取得のための制度ができました。半年間、自分の職場を離れて、終日研修所でそのための試験勉強をするというカリキュラムです。私は仕事の関係でその研修を断りましたが、半年間、受験勉強に専念しても全員が合格しなかったという難易度の高い試験です。それを聞いて発憤した私は、翌々年、49歳でこの資格をとりました。

❹－② CFP®、AFP（民間資格）

CFP®とAFPは、NPO法人日本ファイナンシャル・プランナーズ協会（略称「日本FP協会」）が認定する民間資格です。CFP®は、CERTIFIED FINANCIAL PLANNER®の略称で、国際CFP®組織（FPSB）とのライセンス契約の下に日本FP協会が認定する上級資格で、資格取得の難易度は1級FP技能士に匹敵します。AFPは、Affiliated Financial Plannerの略称で、2級FP技能検定合格とAFP認定研修受講修了を要件に日本FP協会が独自に付与する資格で試験はありませんが、資格更新のために2年ごとの継続教育が義務付けられています。

❹－③ 外務員資格（公的資格　1種　2種）

外務員とは、証券会社や銀行等に所属して証券取引・デリバティブ取引の勧誘等を行う専門家の呼称です。外務員資格試験は、本来、日本証券業協会の協会員である証券会社および銀行等の役職員を対象とした試験で、1種は証券会社に勤務し、2種は証券会社以外の銀行や生保、損保の社員が受験します。上記企業従事者でなくても受験できますが、営業活動を行うには登録が必要で、いずれかの企業従事者であることが条件になります。2種は現物株式などの外務員の職務を行えますが、信用取引やデリバティブ取引などリスクの高い商品については職務を行えません。1種外務員は2種外務員の上級資格になり、信用取引やデリバティブ取引を含めた全ての有価証券に係る外務員の職務を行えます。

試験は月1回実施されています。

金融関係の企業に従事していて士業をめざすなら、該当部署でなくても在職中にとっておきたい資格です。更新しなければ資格は取り消されますが、会社を辞めても資格は取り消されません。

FP技能士資格にあわせてもっと実務範囲が広がる資格

- 中小企業診断士 ➡41ページ
- 社会保険労務士 ➡50ページ
- DCプランナー ➡53ページ
- 年金アドバイザー ➡54ページ
- シニアライフプランナー ➡55ページ

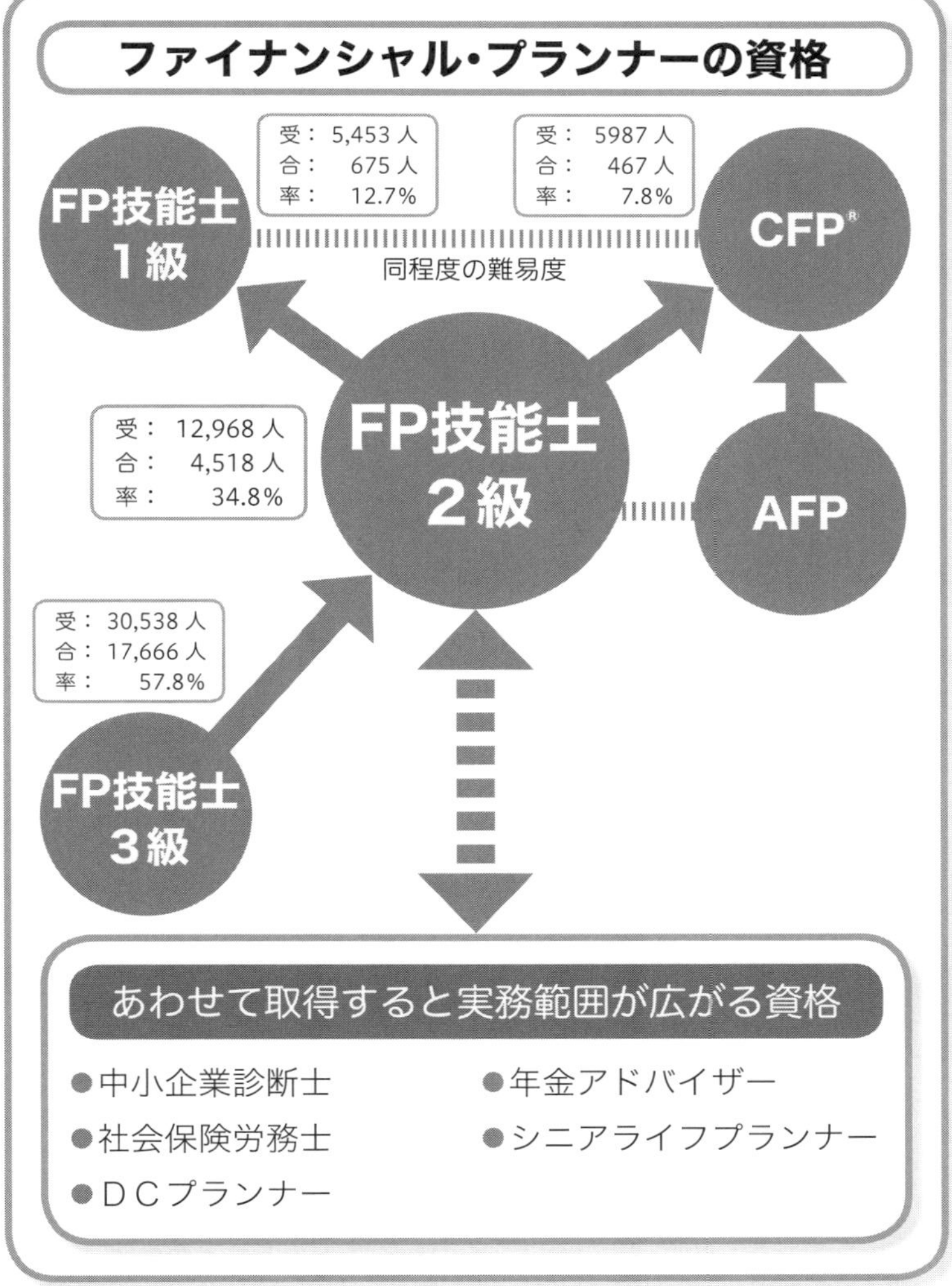
ファイナンシャル・プランナーの資格
受：5,453 人
合：675 人
率：12.7%
受：5987 人
合：467 人
率：7.8%
FP技能士
1級
CFP®
同程度の難易度
受：12,968 人
合：4,518 人
率：34.8%
FP技能士
2級
AFP
受：30,538 人
合：17,666 人
率：57.8%
FP技能士
3級
あわせて取得すると実務範囲が広がる資格
●中小企業診断士
●社会保険労務士
●ＤＣプランナー
●年金アドバイザー
●シニアライフプランナー

❺ 税理士と関連資格

❺－① 税理士（国家資格）

税理士は個人や会社の依頼を受けて、確定申告書・相続税申告書・青色申告承認申請書など税務署に提出する書類を作成します。また会社の財務書類の作成・会計帳簿の記帳代行など財務に関する業務を行います。独立開業に適した国家資格ですが、ＩＴ化の普及で税理士の業務量が減少することも指摘されています。試験は年1回、8月に実施されます。他の国家資格と異なる点は、試験が科目合格制であること。合格科目は何年経っても失効しないので、税理士事務所などで働きながら受験する人が多いのが特徴です。

この章末に、結婚を機に会社を退職し、ご主人の転勤で全国を回りながら税理士試験に合格した女性の体験コラムを記しました。彼女は現在、関西地区で税理士協会の役員をしながら、バリバリ働いています。

❺－② 公認会計士（国家資格）

企業の会計監査（財務諸表監査）は、公認会計士にしかできない独占業務で、上場会社には公認会計士の会計監査を受けることが義務付けられています。公認会計士の主な業務はこの会計監査ですが、他に会計（経理）、税務（税理士登録が必要）、コンサルティング（経営戦略の提案など）、金融、ＩＴ関連などの業務を行う公認会計士もいます。

一般的には税理士の上位資格として位置づけられていますが、試験の傾向がかなり違い、税理士のほうが公認会計士より暗記力が必要、公認会計士は税理士より論文記述力が必要といわれています。

❺-③ 日商簿記検定（公的資格 1級 2級 3級）

税理士には必須の資格。日本商工会議所が実施する権威ある資格で、1級合格者には税理士試験の受験資格が与えられます。大学や短大で法律学や経済学を修めて税理士の受験資格を有していても、日商簿記2級以上の検定を受けた後、税理士試験にチャレンジするのが一般的です。

2級は、商業高校程度の簿記の知識をもち、財務諸表を読めて企業の経営状態を把握できること。試験科目は、「商業簿記」「工業簿記」の2科目です。

1級は財務諸表規則や企業会計に関する法規を理解し、経営管理や経営分析ができること。試験科目は、「商業簿記」「会計学」「工業簿記」「原価計算」の4科目です。

❺-④ ビジネス実務法務検定（公的資格　1級　2級　3級）

東京商工会議所が主催する検定試験。ビジネスに欠かせないコンプライアンス・法令遵守の基礎になる法律知識を身につけることを目的とした検定です。年2回実施され、3級から1級までとなっています。

企業の顧問税理士を視野に入れて開業するときは、「法人取引、法人財産の管理、債権の管理と回収」等の実務知識を得るために、2級程度をとっておくとよいでしょう。

税理士資格にあわせてもっと実務範囲が広がる資格

- 行政書士 ➡39ページ
- 司法書士 ➡39ページ
- 社会保険労務士 ➡50ページ
- 中小企業診断士 ➡41ページ

税理士と関連資格

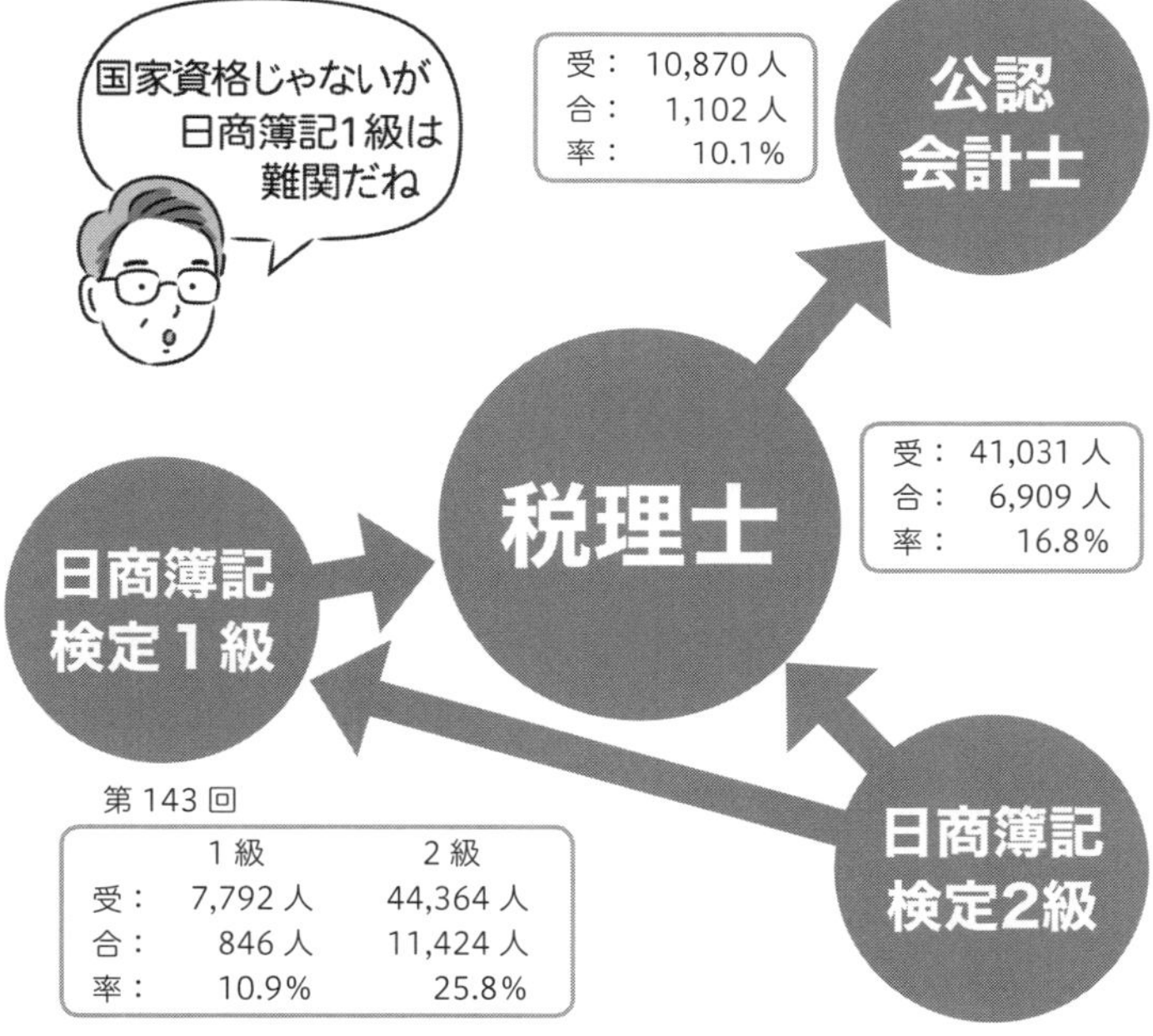

あわせて持つと実務範囲が広がる資格

- ビジネス実務法務検定
- 司法書士
- 行政書士
- 中小企業診断士
- 社会保険労務士

コラム

子育て中に税理士資格4科目に合格

税理士
友松悦子さん（49歳）

●取得年　2008年　●開業　2010年
●勉強期間　9年　●勉強方法　独学・通学
●他の資格　宅地建物取引士（試験合格のみ）

20歳で生命保険の営業を始めたとき、簿記さえ知らなかったので、上司から言われた「損金」という言葉に「何それ？」となりました。その後、通信教育で大学の商学部に入学し、簿記3級に合格。2年間の税理士事務所勤務のあと結婚退職。夫が受験すると言い出した宅建受験用のテキストで、ついでに勉強を始めたものの全然面白くありません。「私は税理士の勉強をするわ！」と夫に宣言しました。30歳をすぎた専業主婦でしたが、独学で財務諸表論に合格、翌年出産。子どもが3歳になったとき、法人税法の合格を目指して専門学校に通学を始めました。3年後に、法人税法と相続税法に合格。翌年、仕事のブランクが10年以上ありましたが、パートで税理士事務所に就職できました。同年所得税法と簿記論の2科目に合格し、税理士資格を取得。取得から1年後、パート勤務に限界を感じて「開業」を考えるようになりました。資格取得から約1年後に1人の顧客もいないまま自宅で開業。ブログ、twitter、Facebookを始めて、多くの方とつながりができ、現在はお客様にも恵まれ、やりがいのあるとても楽しく充実した生活をしています。

※著書『事業承継マップ』（中央経済社）、共著『自主点検チェックシートの完全ガイド』（税務研究会）等多数

主婦の資格取得

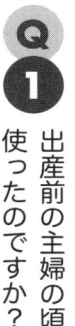

Q1 出産前の主婦の頃、独学で財務諸表論に合格していますが、どんなテキストを使ったのですか？

まだ税理士試験の難しさもわかっていない頃でしたから、書店で買った専門学校の外販教材だけで勉強し、模試も1回受けただけでした。

Q2 1科目合格後、出産・育児のためなかなか思うように勉強ができなかったとのことですが、あせりはありましたか？　どうやって乗り越えましたか？

税理士試験は、合格した科目に合格の有効期限がありませんので、そんなに焦りはありませんでした。「焦り」があったのは、勉強を再開してからなかなか次の科目の「合格」をもらえなかったときですね。

Q3 お子さんが3歳になったので専門学校に通ったとのことですが、平日毎日授業を受けたのですか。

社会人が税理士試験を受験する場合は、毎日通うのではなく、授業を聞いて主に自宅等で自習をするというスタイルです。受験科目により、3時間の講義を週1回か2回受けていました。

Q4 ご主人の協力は得られましたか？

家事は手伝ってくれませんでしたが、土日など主人がお休みのときには、子供と遊んでくれてとても助かりました。

勉強法

Q5 合格のために必要な心のあり方について、アドバイスしてください。

「税理士としての姿勢」です。税理士試験は、顧客からの質問に税理士としてどう答えるのかを試されている試験だと思います。問いに対する回答は、勘ではなく、法的根拠のある答えでなければなりません。

Q6 財務諸表論、法人税法と相続税法、所得税法と簿記論の順で合格していますが、受験をこの順にしたのは、理由がありますか？

特に理由はありませんが、簿記論が最後の科目になったのは、最初から受けていたけども受からなくて残っていた…という残念な理由です（笑）。

Q7 法人税法、相続税法、所得税法を選択した理由はありますか？

会社のオーナーなどの場合、この3つの税目は様々な取引の場面で、そのオーナーや親族の課税関係に絡んできます。その絡み具合にとても興味がありましたので、それをしっかり勉強したいと思いました。

Q8 専門学校を利用する際のポイントについて教えてください。

1つの学校だけでは学習が偏るので、メイン校で授業を受け、サブ校の外販教材で問題を解いたり模試を受けに行くという使い分けは必要ですね。また、専門学校の理論集の丸暗記ではなく、元の条文を確認したほうが良いと思います。

なお、所得税法では理論集には記載のなかった施行令を問われました。理論集しか憶えていなければその根拠を書けませんが私は追加して憶えていたので、根拠も記載して合格しました。

Q9 模擬試験を効果的に使うための方法は？

模擬試験の出題範囲は絶対に見ませんでした。そうすれば、本試験の感覚になって緊張感にも慣れるからです。それに模試直前に一夜漬けで覚えた知識でいい点をとるより、その時の自分の実力をはっきりと知ることのほうが大事だと思うからです。

Q10 模試や本試験の解答を書くとき、やってはいけないことは？

「勘」で答えてはいけません。模試のときから、常に根拠を意識して答案を書く習慣を身につけておくことです。

Q11 答案作成で大切なことは？

税理士試験において最も重要なのは、専門学校の模試では配点のない「適用できない項目」の判断についても、根拠を示して書くということでしょう。本試験で試されているのはお客様からの質問に、税理士としてどう答えるか、です。したがって、いくつか想定される回答のうち、「適用可能な項目」も「適用できない項目」も、いずれについても根拠を示して記載することは非常に重要です。

ひとつの国家資格に、
たくさん周辺資格があるのが
わかってくれたかな？

第2章

ダブルライセンス取得計画

目指せ！　ダブルライセンス

❶ 仕事との両立は充実した期間になる

士業開業を目指して計画を立てるのは、「人生の後半を設計する」ことになります。「人生をやり直す」といったある種の覚悟の現れが、この計画になると考えてください。40〜50歳代で中途退職や早期退職を考えている場合はもちろん、退職後のいわゆる「第二の人生設計」にもこういった心構えは必要です。

逆に、必ず士業でやっていくという固い決心があっても、その決心だけですぐに会社を辞職するのはお勧めできません。正社員はもとより契約社員であっても、家庭をもたない独身者であっても同じです。本書では司法試験や公認会計士試験を省いて論を進めていますが、これは「働きながらとれる士業資格をとって、開業する」というスタンスにふさわしい国家試験にターゲットを絞っているからです。

すぐに会社を辞めたいという強い衝動にかられたり、会社に見切りをつけたくなることは誰にもあるでしょう。そういうときこそ、衝動的に辞表をだすのではなく、会社に所属せず個人事業主となるための第一歩になるこの計画立案をやってみてください。怒りや閉塞感に一条の光が差し始めると思います。

忙しいほどかえって仕事がはかどるという経験は、誰にもあるはずです。仕事と受験勉強の両立は大変ですが、ふりかえると、やりがいのある充実した時間だったことは、多くの士業が実感するところです。

2 取得計画のススメ

私の転機は50歳になった時でした。開業したのは、それからちょうど10年後です。開業時にもっていた国家資格は、14ページで述べたように8つですが、50歳までは衛生管理者と宅地建物取引士、FP技能士の3つだけでした。

残念なことに、当時の私ははっきりと計画を立てず、1つ資格を取った後に、まだ定年=起業まで時間があると次々にチャレンジしていったというのが実情です。私は「社会保険労務士↓行政書士」の順で取得しましたが、その逆のほうがよいでしょう。社会保険労務士とは違い行政書士には受験資格がなく、社会保険労務士のほうが専門的な知識を要求されるからです。行政書士の勉強で民法等の基礎知識をしっかり得たあと、社会保険労務士の勉強でそれを深めるほうが効率的です。

さらに、もし、1つの資格取得が2年計画だったが1回で合格したとか、反対に煮詰まってしまったときは、その国家資格の周辺資格をとるといった方法があります。たとえば、行政書士（48～49ページ図参照）の場合は「マイナンバー実務検定」や「貸金業務取扱主任者」といった民間資格を、社会保険労務士（56～57ページ図参照）の場合は「メンタルヘルスマネジメント」や「年金アドバイザー」といった資格です。煮詰まったときは、計画を一心に遂行しようとせず、あきらめずに回り道も検討することです。

したがって、取得計画は、余裕をもった年単位の「基本計画」でいいのです。「計画は変更するためにある」という名言（迷言）がありますが、計画を立てても予定通りにいかないからと躊躇することはありません。そのときは修正すればよいのです。

それでも計画立案の価値はあります。資格がとれたら、会社をやめて独立開業しようと考えるより、いつまでに取る！と期限を設定しておいたほうが目標達成に役立ちます。

③ダブルライセンス取得準備

国家資格を1つとって開業し、開業後に2つめの国家資格をとるという計画は、お勧めできません。開店休業を予定するなら話は別ですが、それでは仕事がおろそかになります。
次の手順で、ダブルライセンスの取得計画を立ててみてください。

(1) 資格試験をリサーチする ↓88ページ

(2) 資格取得の優先順位を決める ↓90ページ

(3) 合格までの期間を予測する ↓90ページ

合格までにかかった年月の統計がないので、本書を参考にして決めてください。
広告にうたわれている期間を鵜呑みにしてはいけません。

(4) 開業までの期間を決める ↓91ページ

無理な計画はあせりのもとになります。さらに、開業準備にも時間がかかります(第4章)。それらを考慮して余裕のある基本計画を立てる必要があります。

次ページに私がとった主な資格を、93ページにモデルプランを記しました。

※**太字は国家資格**

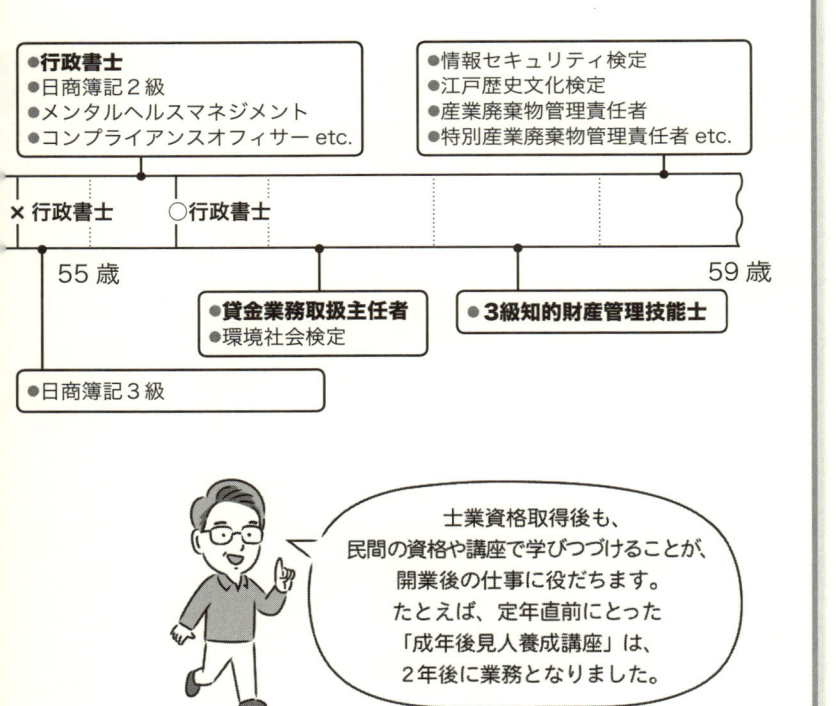

ビジネス実務法務検定、社内検定（10）、生保大学（6）、生保講座（8）etc.

35 歳

- **行政書士**
- 日商簿記２級
- メンタルヘルスマネジメント
- コンプライアンスオフィサー etc.

- 情報セキュリティ検定
- 江戸歴史文化検定
- 産業廃棄物管理責任者
- 特別産業廃棄物管理責任者 etc.

× 行政書士　○行政書士

55 歳　59 歳

- **貸金業務取扱主任者**
- 環境社会検定

- **3級知的財産管理技能士**

- 日商簿記３級

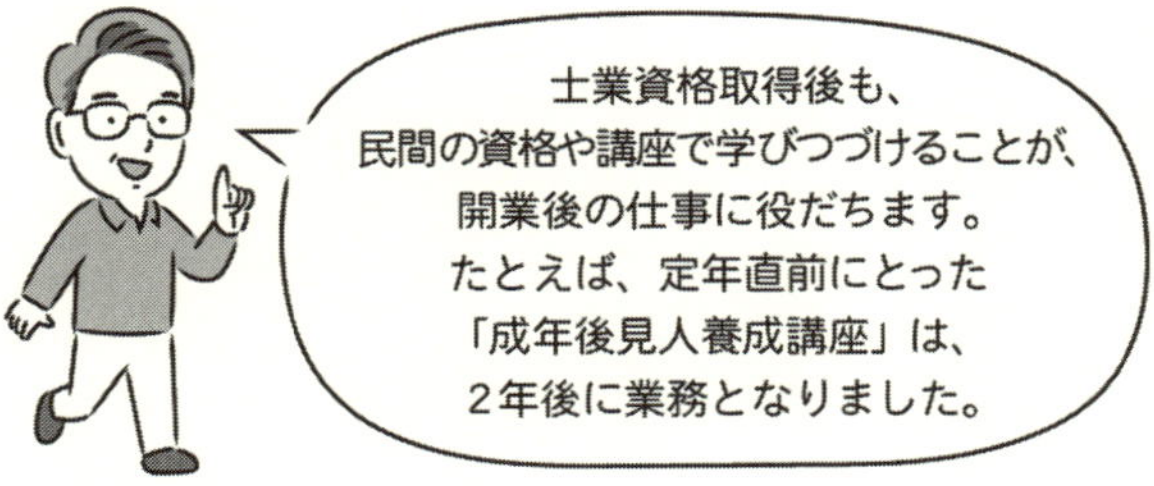
士業資格取得後も、
民間の資格や講座で学びつづけることが、
開業後の仕事に役だちます。
たとえば、定年直前にとった
「成年後見人養成講座」は、
２年後に業務となりました。

私がとったおもな資格と取得年齢

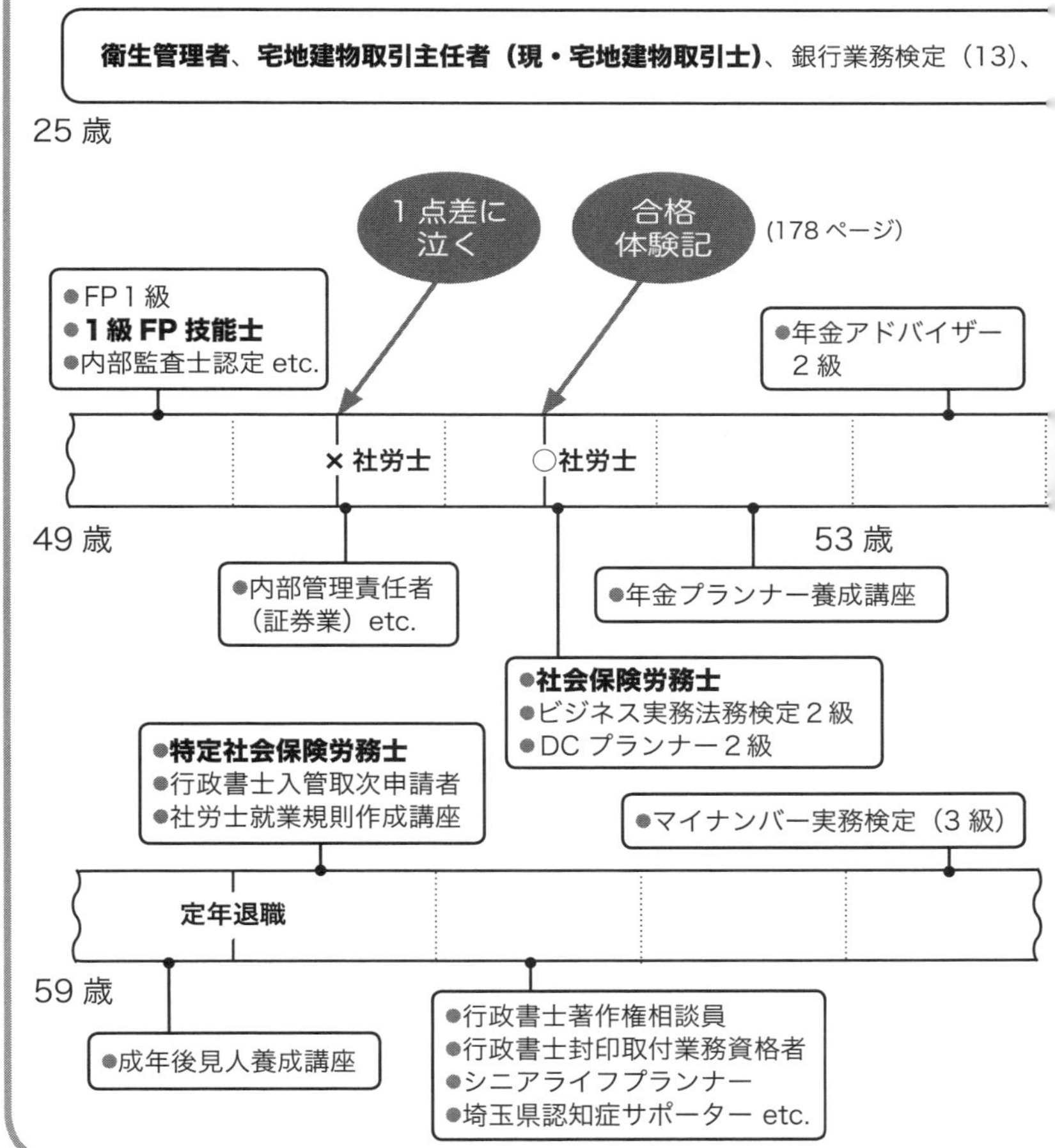
衛生管理者、宅地建物取引主任者（現・宅地建物取引士）、銀行業務検定（13）、
25 歳
1 点差に泣く
合格体験記
(178 ページ)
●FP 1 級
●1 級 FP 技能士
●内部監査士認定 etc.
●年金アドバイザー 2 級
× 社労士
○社労士
49 歳
53 歳
●内部管理責任者（証券業）etc.
●年金プランナー養成講座
●社会保険労務士
●ビジネス実務法務検定 2 級
●DC プランナー 2 級
●特定社会保険労務士
●行政書士入管取次申請者
●社労士就業規則作成講座
●マイナンバー実務検定（3 級）
定年退職
59 歳
●成年後見人養成講座
●行政書士著作権相談員
●行政書士封印取付業務資格者
●シニアライフプランナー
●埼玉県認知症サポーター etc.

計画のための情報収集と決定の順序

❶ 資格試験をリサーチ

「行政書士」「社会保険労務士」「宅地建物取引士」「中小企業診断士」「ファイナンシャル・プランニング技能士」「税理士」「司法書士」の7つの資格から、自分の適性と照らし合わせ、複数の候補を選びます。

❶－① 各士業の業務内容を知る

業務内容の要約は、1章に記しました。比較検討のためにさらに詳しく知りたいときは、各士業の資格本やwikipediaなどの解説サイトを参考にします。業務内容の理解しやすい士業を選んで、ダブルライセンスの候補にします。

❶－② 受験資格・試験科目・受験申し込み期間・試験日・合格発表

７つの資格の各データは、94ページから１００ページにあります。この表にある試験実施団体のホームページを参照したときは、何度も検索する必要がないように該当ページをダウンロードして保存するか、お気に入りにいれておきます。

❶－③　合格率を知る

１章の各図を参照してください。難易度の目安の１つになります。

❶－④　体験談を読む、聴く

１・２章末と３章に士業の友人たち６人の体験をコラムで載せています。３章末には私の「社会保険労務士試験合格体験記」があります。合格体験記は合格直後のものなので、臨場感があると思います。友人たちには受験勉強の仕方を中心に聴きましたが、合格までの期間や、彼らがもっている資格についても記載しています。ぜひ参考にしてください。

もし、まわりに士業の人がいたら、ぜひ体験談を聴いてください。できれば取得からあまり年月が経っていない人が適しています。受験事情が年々変わっていることや、過去の体験は知らず知らずに歪曲されているからです。私自身、改めて自分の合格体験記を読むと、これほど大変だったのかと感慨深いものがあります。13年前の話ですが、読み返すまでそれほど苦労せずに合格した気分になっていました。逆に、大変さの記憶が増幅されている人もいます。

しかし、それらを割り引いても、体験談を聴く価値はあります。受験の体験談だけでなく、開業準備で思いがけず大変だったことや、開業後にぶちあたった問題点、逆に仕事冥利に尽きる例なども尋ねてみるとよいでしょう。

❷ 資格取得の優先順位決定

1つめの資格は決まりやすい、あるいはすでに決まっているかもしれません。2つめ以降の資格は、先のリサーチを生かして決定します。2つめの資格をどちらにしようかと迷ったときは一般的な難易度より、得意分野の試験内容がある資格を優先してください。

❷-① 合格までの期間を予測

1科目ずつ計5科目で合格する税理士試験の平均合格年数は8・6年という資料もあり、

5年で取得できれば順調といわれます（3章の体験談には、3年で税理士資格を取得した知人の例を載せました。しかし、そのチャレンジは20代でした）。司法書士試験の平均合格年数は出ていませんが、合格のためには3000時間が必要といわれています。しかし、どの資格取得にもいえることですが、時間をかけても受かるとはかぎりません。

行政書士、宅地建物取引士、中小企業診断士、社会保険労務士の資格試験では、3ヵ月、半年といった短期の学習で合格を謳うスクールや通信教育もありますが、これも本人次第。「この期間で合格する！」という気概は必要ですが、余裕をもって計画を立ててください。

ちなみに、私の場合は、社会保険労務士試験と行政書士試験はどちらも1回ずつ不合格になり、2つの国家資格取得まで4年かかっています。士業試験は年々難しくなる傾向が顕著です。それも念頭において計画を立てましょう。

❷-② 開業までの期間を決める

定年を目処にする場合は、現在の年齢から準備期間がすぐに算出できますが、会社を中途退職して士業開業を計画するときは、期間設定が非常に大切です。

目安として、開業準備には資格を取り終えてから少なくても半年、余裕をもって1年という期間を考えておきたいので、国家資格でダブルライセンスを取得して開業するまでに5年、民間資格を入れてトリプルライセンスなら5〜8年かかると考えて下さい。

たとえば、「行政書士試験」で2年、「社会保険労務士試験」で2年、開業準備に1年で5年になります。あるいはトリプルプランなら、「日商簿記2級」で1年、「宅地建物取引士試験」で1年、「行政書士試験」で2年、開業準備に1年とすれば5年です。

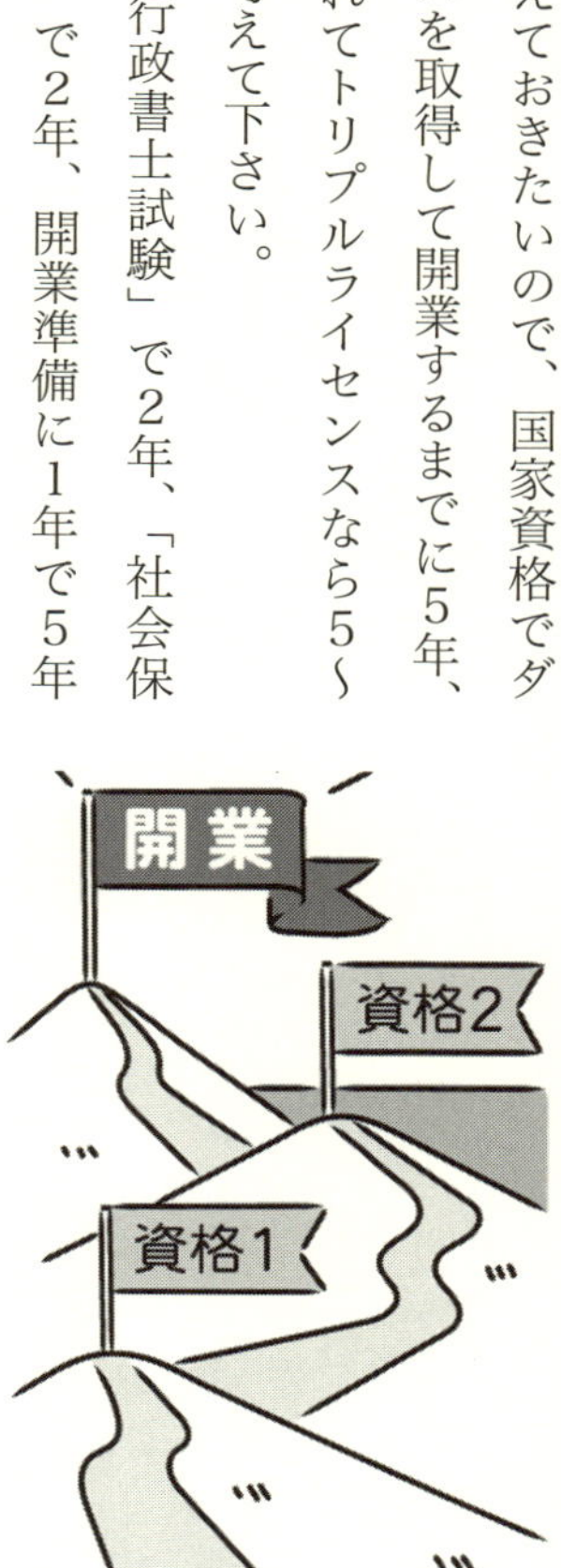

なお、資格試験の足慣らしには、年3回試験がある国家資格の「FP技能士（3級、2級）」と民間資格の「日商簿記検定（3級、2級）」が適しています。

FP技能士の試験はとっつきやすく幅広いので、後々の国家試験に役立つ基礎知識が得られ、この資格勉強で得られるコンサル的な視点は今後、どの士業にもさらに必要になるでしょう。日商簿記検定は、個人事業主として必要な経理ができるようになると同時に、業務そのものにも役だちます。

5年計画　モデルプラン

A ▶ ＦＰ技能士未取得の場合

FP 技能士の３級・２級試験は年３回（５月、９月、11 月）ある。
受験回数が他の国家資格より多く、とっつきやすいので、お勧めの資格。
ただし、おもな業務とするには１級取得が必須です。

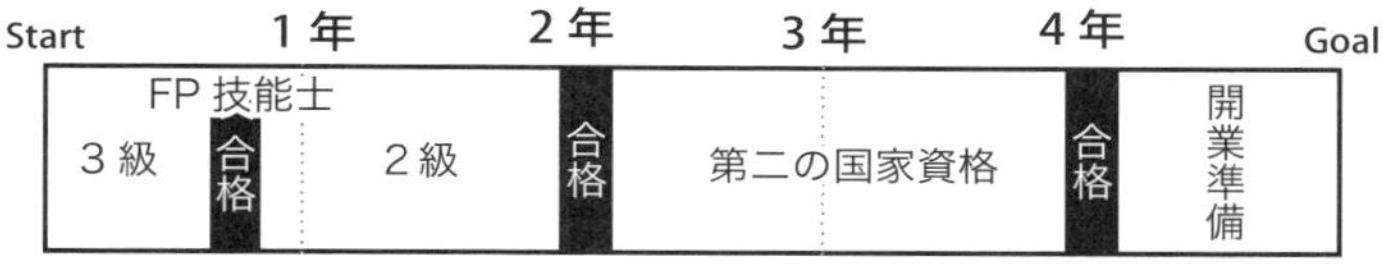

B ▶ ＦＰ技能士取得済みの場合

日商簿記検定２級試験は年３回（２月、６月、11 月）あるので、この試験で足慣らしをするとよい。

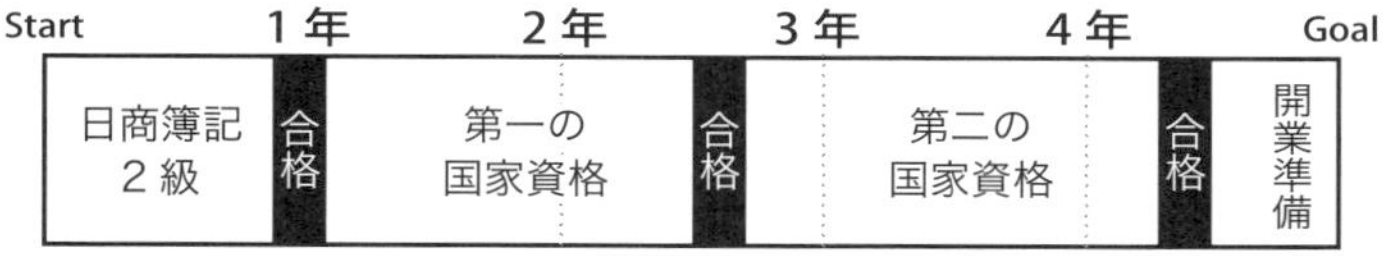

5年計画　マイプラン

具体的な資格を入れて書き込もう。

<メモ>

司法書士試験の概要

試験日	筆記試験：7月　口述試験：10月
受験資格	誰でも受験できる
試験	科目数　11
	筆記試験は午前2時間、午後3時間
	民法、不動産登記法、商法、商業登記法は主要四科目と呼ばれ、出題数の大半を占める。筆記試験の午前の部・多肢択一式、午後の部・多肢択一式、記述式それぞれにおいて一定の点数に達しない場合はそれだけで不合格。筆記試験と口述試験があるが、口述試験はほぼ全員が合格。
	【筆記試験】＜午前＞多肢択一式35問。科目は、憲法、民法、商法（会社法その他の商法分野の法令を含む）、刑法。
	＜午後＞多肢択一式35問と記述式2問。科目は、供託法、民事訴訟法、民事執行法、民事保全法、司法書士法、不動産登記法、商業登記法（以上択一式）不動産登記、商業登記（以上記述式）。
	【口述試験】筆記試験と同一の範囲から出題
申込期間	5月中旬～下旬
合格発表	筆記試験：9月末～10月上旬 最終合格発表：11月初旬
問いあわせ先	法務局または地方法務局法務課
HP参照先	法務局平成○年度受験案内 www.moj.go.jp/MINJI/minji05_00250.html

宅地建物取引士試験の概要

試験日	10 月第３日曜日（例年）
受験資格	誰でも受験できる
試験	科目数　７分野
	四肢択一のマークシート方式で 50 問、 試験時間は２時間
	宅地建物取引業法施行規則第８条により、以下の７分野が定められている。 ①土地の形質、地積、地目および種別ならびに建物の形質、構造および種別に関すること 土地や建物について不動産に関わる者としての常識的な知識 ②土地および建物についての権利および権利の変動に関する法令に関すること 民法、不動産登記法、借地借家法、区分所有法など ③土地および建物についての法令上の制限に関すること 都市計画、国土利用計画法、都市計画法、建築基準法、宅地造成等規制法、土地区画整理法、農地法など ④宅地および建物についての税に関する法令に関すること 登録免許税、印紙税、所得税、固定資産税、不動産取得税など ⑤宅地および建物の需給に関する法令および実務に関すること 住宅金融支援機構法、不当景品類及び不当表示防止法、統計など ⑥宅地および建物の価格の評定に関すること 不動産鑑定評価基準、地価公示法など ⑦宅地建物取引業法および同法の関係法令に関すること 宅地建物取引業法、同施行令・施行規則など
申込期間	７月上旬～８月上旬
合格発表	11 月末～ 12 月上旬
問いあわせ先	一般財団法人不動産適性取引推進機構　☎ 03-3435-8181
HP 参照先	www.retio.or.jp

行政書士試験の概要

試験日	11 月第 2 日曜日（例年）
受験資格	誰でも受験できる
試験	科目数　7（法令4　一般知識3）
	五肢択一のマークシート方式と 40 字程度の記述式（法令等科目のみ）。試験時間は 3 時間。
	試験範囲：法令（憲法、民法、行政法、商法・会社法、基礎法学）、一般知識（政治・経済・社会、情報通信・個人情報保護、文章理解）。
	合格基準：総合得点で 60%（180/300 点）以上、 かつ法令等科目で 50% (122/244 点)、 かつ一般知識等で 40%（24/56 点）の得点が必要。
申込期間	8月上旬～9月上旬
合格発表	翌年 1 月末
問いあわせ先	一般財団法人　行政書士試験センター ☎ 03-3263-7700
HP 参照先	gyosei-shiken.or.jp

社会保険労務士試験の概要

試験日	８月第４日曜日（例年）	
受験資格	次の要件のいずれか１つに該当する者は受験できる。 ①大学、短大、高等専門学校(5年制等)を卒業した者 ②税理士、公認会計士、弁理士試験に合格した者 ③公務員として行政事務に通算３年以上従事した者 ④行政書士資格をもっている者 ⑤社会保険労務士または弁護士業務の補助事務に通算３年以上従事した者 その他の要件もあり。くわしくは HP を参照。	
試験	科目数　８科目	
	午前中に選択式８問 (80 分)、午後に択一式 70 問 (3 時間 30 分)	
	①労働基準法および労働安全衛生法　②労働者災害補償保険法　③雇用保険法　④労務管理その他の労働に関する一般常識　⑤社会保険に関する一般常識　⑥健康保険法　⑦厚生年金保険法　⑧国民年金法	
申込期間	４月中旬～５月下旬	
合格発表	11 月中旬	
問いあわせ先	全国社会保険労務士連合会　試験センター ☎ 03-6225-4880	
HP 参照先	社会保険労務士試験オフィシャルサイト www.sharosi-siken.or.jp/exam	

税理士試験の概要

試験日	8月上旬
受験資格	受験資格には下の4区分があり、いずれか1つの要件を満たせば受験できる。詳しくはHPを参照。 ＜学識＞①大学、短大又は高等専門学校を卒業した者で、法律学又は経済学に属する科目を1科目以上履修した者　②司法試験の合格者　③公認会計士試験短答式試験合格者　等 ＜資格＞①日商簿記検定1級合格者　②会計士補　等 ＜職歴＞①税理士、弁護士、公認会計士等の補助事務または業務に2年以上従事した者　②法人又は事業を営む個人の会計に関する事務、銀行等における貸付け等に関する事務に2年以上従事した者　等 ＜認定＞国税審議会より受験資格に関して個別認定を受けた者
試験	受験科目　　5科目（以下の9科目より選択。一部必須） ①簿記論　②財務諸表論　③消費税法又は酒税法 ④法人税法　⑤相続税法　⑥所得税法　⑦固定資産税 ⑧国税徴収法　⑨住民税または事業税 ※①②は必須、④または⑥のいずれか1科目は必ず選択
申込期間	5月中旬～下旬
合格発表	12月中旬
問いあわせ先	各国税局
HP参照先	国税庁　税理士試験情報 www.nta.go.jp/sonota/zeirishi/zeirishishiken/zeirishi.htm

ＦＰ技能士試験の概要

試験日	５月（２級・３級のみ）、９月、１月
受験資格	【３級】FP業務に従事している者または従事しようとしている者 【２級】①３級技能検定の合格者　②FP業務に関し２年以上の実務経験を有する者　③日本FP協会が認定するAFP認定研修を修了した者　④厚生労働省認定金融渉外技能審査３級の合格者 【１級】＜学科試験＞①２級技能検定合格者で、FP業務に関し１年以上の実務経験を有する者　②FP業務に関し５年以上の実務経験を有する者　③厚生労働省認定金融渉外技能審査２級の合格者で、１年以上の実務経験を有する者　＜実技試験＞①１級学科試験の合格者　②「ＦＰ養成コース」修了者でFP業務に関し１年以上の実務経験を有する者　③日本FP協会のCFP認定者　④日本FP協会のCFP資格審査試験の合格者
試験	科目数　　６科目＋実技試験
	＜学科試験＞①ライフプランニングと資金計画　②リスク管理　③金融資産運用　④タックスプランニング　⑤不動産　⑥相続・事業継承　＜実技試験＞資産設計提案業務 ※級によって難易度が異なる
申込期間	試験日の約２か月前
合格発表	試験日の約２か月後
問いあわせ先	一般社団法人　金融財政事情研究会（金財）検定センター ☎ 03-3358-0771 ＮＰＯ法人　日本ＦＰ技能士協会 ☎ 03-5403-9707
HP参照先	ファイナンシャルプランニング技能検定 www.kinzai.or.jp/fp ＦＰ技能検定 www.jafp.or.jp/exam

中小企業診断士試験の概要

試験日	＜1次試験＞8月上旬の2日間 ＜2次試験＞筆記試験10月　口述試験12月（予定）
受験資格	＜1次試験＞誰でも受けられる　＜2次試験＞1次試験合格者、または1次試験免除対象者（1次試験に2年以内に合格した者、または平成12年度以前の1次試験合格者で、平成13年度以後の2次試験を受験していない者
試験	科目数　＜1次試験＞7科目 ＜2次試験＞筆記試験＋口述試験
	＜1次試験＞マークシート方式による多肢選択式　1日目＝①経済学・経済政策　②財務・会計　③企業経営理論　④運営管理　2日目＝⑤経営法務　⑥経営情報システム　⑦中小企業経営・中小企業政策　試験時間は①②⑤⑥が60分、③④⑦が90分。科目合格制で有効期間は3年間 ＜2次試験＞筆記試験＝中小企業の診断及び助言に関する実務の事例等4つの事例問題（記述式　各80分）、口述試験＝中小企業の診断及び助言に関する能力について、筆記試験の事例等をもとに、約10分の個人面接方式
申込期間	＜1次試験＞5月　＜2次試験＞8～9月
合格発表	＜1次試験＞8～9月 ＜2次試験＞筆記試験12月　口述試験1月（予定）
問いあわせ先	一般社団法人　中小企業診断協会　☎ 03-3563-0851
HP参照先	中小企業診断士協会　中小企業診断士試験 www.j-smeca.jp/contents/007_shiken.html

コラム

ＦＰ技能士資格取得後、社会保険労務士資格にチャレンジ

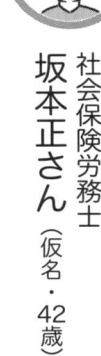

社会保険労務士
坂本正さん（仮名・42歳）

●取得年　２０１４年　●開業　２０１５年
●勉強期間　３年　●勉強方法　通学
●他の資格　ＦＰ技能士３級・２級

勤務先で損保・生保の担当になり、他代理店の方に負けない付加価値をつけるためにＦＰ技能士の資格をとりました。また、損保・生保は公的保障の上乗せであることが多いので、公的保障についても詳しくアドバイスしたいと思いはじめ、社労士資格に次第に興味が湧いてきました。現在は、損保・生保の代理店で働きながら、社会保険事務所を開業しています。

FP技能士資格から社労士資格取得へ

Q1 FP技能士取得後に社労士資格を取ろうと思った具体的なきっかけは何でしたか？

労災・健保・年金等公的保障を詳しく知りたいとの思いから社労士の勉強を始めました。

Q2 FP技能士2級と社労士の試験を比較すると、どんなところが違いますか？

FP技能士2級試験は範囲を広く浅く勉強しますが、社労士試験はFPに比べ深く勉強しました。試験形式も社労士試験には選択式があり、1科目5問出題され、正解が2問以下になると不合格になります。出題問題の運が左右する率が高いように思いました。

Q3 FPの資格勉強は、社労士試験に役だちましたか？

FP2級の試験勉強で、基礎的な知識は得られましたので、最初は年金などスムーズに入っていけましたが、社労士試験は深く問われ、再度つっこんだ勉強が必要でした。

Q4 3年で社労士試験に合格されていますが、ご自身の予想は何年ぐらいでしたか？

2〜3年で合格した方が多いです。私自身は5年かかるかなと覚悟していましたけど。

通学で取得

Q5 通学という方法を選んだのは何故ですか？

自宅ではテレビをつい見てしまったり、ちょっと横になって寝てしまったりして、集中して勉強ができなかったため。

Q6 通学のメリット・デメリットを教えてください。

メリットは、カリキュラムが決められているので、途中で立ち止まることなく進めたこと。スクールに自習室があるのも、私には大きなメリットでした。みんな熱心に勉強しているので自分も頑張らなくては、と勉強に集中できました。

デメリットは、受講料や交通費など、費用がかかることですね。

勉強法

Q7 1日どれぐらい勉強しましたか？

平日は出勤前の30分〜1時間。帰宅後に2〜3時間。休日の土曜日は学校の自習室で朝から晩まで12時間、日曜は講義を受け、その後自習室で勉強しました。

Q8 苦手科目はありましたか？ また、その克服法は？

「年金」科目の深さには苦労しました。オプション講座を追加しました。

Q9 これをやってよかったと思う勉強法は？

最初は無理のないスケジュールではじめて勉強の癖をつけ、慣れてきたら徐々に時間を増やすといった「段階的な見直し」をしました。試験の3ヵ月ぐらい前になると、残りの日数を計算するだけでなく、もっと細かく勉強に使える時間単位で計算して、全科目を1ヵ月で1周できるように「計画的な見直し」をしました。時間があいたり、何度も繰り返さないと、忘れてしまうのでこの勉強法は私にあっていました。

Q10 受験勉強中を振り返っての感想を教えてください。

通学で仲間もできて、飽きずに楽しく3年間勉強できました。講師の先生も優しく丁寧に指導して頂き、講師にも仲間にも恵まれたと思います。とにかく悔いの残らないよう、使える時間は全部勉強につかいました。おかげで遊ぶ時間はなくなってしまいましたが。

FP技能士→社労士
の順に資格を取るのは
私もオススメです。
社労士
FP
技能士

コラム

おもな取得資格は9つ 2016年に開業しました

行政書士・社会保険労務士
楠原正和さん（51歳）

●行政書士　取得年1997年　勉強期間2年　勉強方法　独学、通学
●社会保険労務士　取得年1998年　勉強期間2年　勉強方法　独学、通学
●英語検定準1級　取得年2001年　勉強期間2年　勉強方法　通学　独学
●FP技能士1級　取得年2003年　勉強期間2年　勉強方法　CFPと同時に与えられたため無
●その他の資格　日商簿記2級、宅建士、CFP、DC（確定拠出年金）アドバイザー、銀行業務検定年金2級

会社員でしたが、30歳のときに、やりがいを求めて士業開業を目指しました。行政書士、続いて社労士試験に合格したのが3年後。1年後に会社を退職して、開業準備のために英

検準1級とFP技能士1級を取得しました。しかし、その後、地方自治体に再就職し13年間勤務。２０１６年、50歳になったのをきっかけに勧奨退職して、念願の独立開業を果たしました。

資格

Q1 行政書士と社労士の業務対象は同じですか？

おもに行政書士業務は個人・法人の方を対象に、社労士業務は中小企業のクライアントを対象に始めました。

Q2 行政書士試験に合格の後、社労士資格をとろうと考えたのはなぜですか？

業務の幅を広げるためです。また、互いに相性のいい資格だからです。

Q3 英検準1級を開業準備としてとった理由を教えてください。

就労ビザで来日した外国人の役に立ちたい、これからはそういった需要が増えると思ったからです。そのためには、ある程度突っ込んだ英会話ができるようになっておきたいと思いました。また、当時社労士としてやっていくうえで英語のできる方が重宝されるとある雑誌で見たため取っておこうと思ったからです。

Q4 FP技能士1級の資格をとった理由は？

米国ではFPの地位が高いと聞き、日本でもいずれそうなるのでは、と考えたこと。この資格をもっておけば業務が広がると考えたからです。勉強したことは必ず役に立つ、と思います。

Q5 AFP、CFPとFP技能士の両方をもっているんですね。

2003年当時は民間のFP協会でCFPの資格をとれば、国家資格のFP技能士1級の資格がもらえたからです。合格するとFP協会にすぐ登録する必要がありますが、勉強会にも出席できるし、独立開業の意志を持ち続けられる一因になったと思っています。親しい仲間も増えました。そういう点では、民間資格も大いに役だちます。

独学＋通学、通信（ポイント受講）

Q6 行政書士や社労士試験のときの受講スタイルを詳しく教えてください。

どちらも独学が基本で、ピンポイント的に通学や通信を使いました。行政書士の試験勉強では苦手科目の「論述」（※注　当時あった科目で今はもうありません）だけ月1回スクールに通い、さらに通信教育で添削指導を受けました。社労士試験のときは、週1回、平日の夜にテスト演習コースを受講しました。

Q7 この方法のメリットとデメリットを教えてください。

メリットは受講料が比較的安く、無理なく仕事と両立できたこと。反面、毎日あるいは週2，3回スクールに通っている方たちとの差を感じました。その差がわかって、これではいけないと頑張る気持ちが湧いたので、総合的に見ればよかったと思います。

Q8 AFP・CFPの資格勉強は？

ＡＦＰは受験のために決められた回数の講義を受講する必要があり、通学が中心になりました。ＣＦＰはスクーリングの必要がなかったので、独学で過去の問題を何回か解いて試験に臨みました。

勉強法

Q9 行政書士や社労士試験勉強で使用したテキストは何冊ぐらいでしたか?

行政書士は2〜3冊、社労士は労働法と社会保険が2分冊になっているものが多く、2分冊のものを2〜3種類です。

Q10 印象に残っているテキストはありますか?

社労士の勉強では、「横断式（横断整理）」のテキストが役だちました。試験科目7科目を比べて似た用語や微妙に違う点を解説しているテキストです。似ているようで微妙に違い記憶が曖昧になりやすい選択式問題の回答をする際に、頭の整理がしっかりとできて、はっきりと選択肢の正誤を見極めることができるようになりました。

Q11 具体的には、それらのテキストをどう使いましたか？

「1冊を通読する→問題演習をやる」これを何度も繰り返しました。同じテキストは2回ぐらいやると飽きたり、アンダーラインで汚くなるので、Q9で答えたように何冊か使いました。なるべく早くこのサイクルを繰り返すように心がけました。

Q12 これから士業試験を受ける人へのアドバイスを。

模試をたくさん受けること。私は、試験日の4～5ヵ月前からいろんなスクールで受けました。模試を受けると、試験に対する意識が高まり、試験にも慣れ、時間配分の目安ができ、自分の弱点を知ることができます。

次は、資格試験の
勉強法について語ろう

第3章

資格取得のための勉強法

受験勉強は、コツコツ型が勝つ！

「こんなたくさんの難易度の高い資格を、どうやって勉強してとったんですか？」と、よく尋ねられます。特別な勉強法があるに違いない、と期待の眼差しを向けてくれます。しかし「特別な勉強法」はありません。当たり前の、しかし王道と言える勉強法はあります。

「コツコツ勉強する」こと。この一語に尽きます。

私がそう答えると、ほとんどの人ががっかりした表情になります。

なかには、「それができれば世話はないんですが……」と、自信なさげに言う人もいます。「できるかできないかは、やってみないとわからない。絶対に資格試験に合格して、開業するんだ！という強い意志があれば、意外とできるものですよ」と、答えてきました。これまでは口頭のやりとりでしたから、それ以上つっこんだ話をしたことは、ありませんでした。

しかし、仕事と勉強の二足のわらじをはきながら勉強時間をどうやって捻出するかとか、隙間時間を活用するための便利な勉強グッズとか、具体的な勉強のコツとか、専門学校での学び方とか、受験直前のポイントとか……。具体的なノウハウはたくさんあります。

ところが私の経験だけでは不十分な点がありました。私は行政書士、社労士、日商簿記2級の受験にあたって、「通学」という勉強方法を選びました。これらの国家試験を通信教育あるいは独学だけで勉強したという体験はありません。（他の資格はもちろん全て独学ですが。）

そこで、21人の仲間に勉強法を中心にアンケートをとりました。主宰したり参加したりした士業勉強会で無作為にとったもので、公認会計士、司法書士、税理士、社労士、中小企業診断士、行政書士として開業している人たちです（次頁参照）。回答には一般的な参考書に書かれていない、資格取得のための勉強法を記した本音の勉強法もありました。さらに、そのうちの6人には勉強法だけでなく取得に至る背景や現状を含めて詳しく尋ねてコラムにしました。

この章ではその回答も織り込みながら、体験者が語る勉強方法について詳しく記しています。

士業アンケートの回答者たち

氏名	現年齢	開業年	取得資格	通学・通信・独学
A さん	48	1989	公認会計士 税理士	通学
B さん	65	2003	行政書士	独学
C さん	50	2007	中小企業診断士	通学・通信
D さん	70	2008	社会保険労務士 危険物取扱主任者 衛生管理者　等	独学
E さん	42	2010	税理士 FP 技能士	通学
F さん	49	2010	税理士 宅地建物取引士	通学　独学
G さん	36	2011	行政書士 宅地建物取引士 管理業務主任者 貸金業取扱主任者	独学
H さん	66	2011	社会保険労務士	通学・通信・独学
I さん	40 代	2012	社会保険労務士	通信
J さん	64	2012	社会保険労務士 行政書士	独学
K さん	68	2012	社会保険労務士	通学

氏名	現年齢	開業年	取得資格	通学・通信・独学
Ｌさん	50	2012	社会保険労務士	独学
Ｌさん	50	2012	マンション管理士	独学
Ｍさん	56	2013	社会保険労務士	通信
Ｍさん	56	2013	年金アドバイザー	通信
Ｎさん	68	2013	行政書士	試験免除者
Ｏさん	64	2014	社会保険労務士	独学
Ｏさん	64	2014	中小企業診断士	独学
Ｐさん	42	2015	社会保険労務士	通学
Ｐさん	42	2015	FP 技能士	通学
Ｑさん	67	2015	社会保険労務士	通学・通信
Ｒさん	57	50	社会保険労務士	独学
Ｒさん	57	50	行政書士、FP 技能士	独学
Ｓさん	45	2013	特定行政書士	通学・通信・独学
Ｓさん	45	2013	旧司法試験択一合格	通学・通信・独学
Ｓさん	45	2013	日商簿記、英検２級	通学・通信・独学
Ｔさん	46	2016	社会保険労務士	通信
Ｔさん	46	2016	行政書士	通信
Ｔさん	46	2016	年金アドバイザー２級	通信
Ｕさん	51	2016	行政書士	通学　独学
Ｕさん	51	2016	社会保険労務士	通学　独学
Ｕさん	51	2016	１級 FP 技能士	通学　独学
Ｕさん	51	2016	簿記２級	通学　独学
Ｕさん	51	2016	英語検定準１級	通学　独学

通学のメリットとデメリット

1 通学、通信、独学と各士業試験

21人の士業アンケートでは、通学が11人、通信が6人、独学が11人でした(複数回答)。独学と答えた人の中には苦手科目の特別講義だけを専門学校で受けた人が2人、通学で司法書士の勉強をやったことがあるので、基礎知識がある社労士や行政書士の勉強は独学にしたという人が1人。独学でも模擬試験だけは大手専門学校で受けたという人が、10人中5人いました。

一方、公認会計士、司法書士、税理士試験において、独学だけで合格したという人は、アンケート回答者だけでなく私の知るかぎり一人もいません。全国的にみてもかなり珍しいと思われます。(1科目ずつ受験できて合不合が出る税理士試験で、1科目を独学で合格した友松悦子さんの体験は1章末にコラムで掲載しました。)

アンケート結果と私の見聞からいえることは、行政書士と社労士、中小企業診断士の勉強は、通学・通信・独学のどの方法を選択しても合格の可能性があり、公認会計士、司法書士、税理士試験は通学がおもな手段だということです。

②アンケートで見る通学のメリットとデメリット

行政書士と社会保険労務士の資格をとるにあたって私が通学を選んだのは、独学では合格が難しいと考えたからでしたが、実際に通学してみて、思いがけないメリットがいくつかありました。アンケートの回答に記された具体的なメリットとあわせて次に挙げてみます。

通学のメリット

① 効率的な学習方法を指導してもらえる
② 年間カリキュラムが決まっているので、それに添って勉強していけば、受験までに試験範囲を完全に終えられる
③ 生活にリズムができる
④ 成績順位表が出るので自分の実力がわかる、励みになる
⑤ 先生にいつでも質問できる
⑥ 自習室が利用できる
⑦ テストでポイント整理ができる
⑧ 通学、通信、独学を比べると、通学が一番楽しい（3通りの経験者）
⑨ 友人を得られる
⑩ タイムリーな情報が入手できる

通学のデメリット

① 費用がかかる

❷-① 成績順位表はモチベーションがあがる

「④成績順位表が出るので自分の実力がわかる、励みになる」と答えたのは私です。独学では自分が相対的にどの程度の位置にいるのかがわかりません。資格試験は入試と違って合格人数が決まっている試験ではなく、合格基準は点数によるものです。しかし、足切りの点数が年度によって変わることもあるので、自分の相対的な位置をつかんでおく必要があります。

直前の模擬試験ではなく、早くからその順位がわかるのは通学の大きなメリットです。

❷-② 講師に質問できる

「⑤先生にいつでも質問できる」のも、大きなメリットです。受講時だけでなく資格取得後に勉強会をやり始めた頃、メールで質問して教えてもらったこともありました。

同期のなかには、有名講師の助手になり、現在講師として活躍している人もいます。将来の仕事としてセミナー講師になるという選択もあります。その場合は、有名講師の授業を受けて自分をアピールすることです。

❷-③ 自習室で勉強がはかどる

「⑥自習室が利用できる」と回答で答えた人は1人でしたが、これは私にとっても予想外の大きなメリットでした。ライバルである受験生が一心に勉強している自習室に入ると、「さぁ、自分も勉強しよう！」という気持ちになりました。実際、緊張感のある空間の中での勉強はよく進みました。

❷-④ ミニテストがあるのでポイントが整理できる

「⑦ミニテストがあるので、ポイント整理ができる」というのは、私の実感です。どの専門学校でも採り入れているようですが、私が通った学校では講義の前に必ず10〜15分のミニテストがあり、自分はここができていないというところがよくわかりました。前回学習した内容の重要なポイントがわかるので、間違ったところを再度、重点的に復習できます。

さらに、毎回ミニテストの点数発表があり、上位者は毎回ほぼ同じ人たちでした。休み時間に、そういう人たちに話しかけました。相手がどんな環境のもとでどうやって試験勉強しているのか興味がありましたし、親しくなれば自分の苦手な箇所を話して、アドバイスをもらったりもしました。通学のメリットの1つに「友人を得られる」と答えた人がいますが、確かにその通りです。私の場合は社労士試験合格の後、14～15人の仲間と月に1度、年金の勉強会を始めました。（196ページ）

❷-⑤　直前特別講義で傾向と対策がわかる

「⑩タイムリーな情報が入手できる」という回答にも、実に同感です。

社労士試験の「社会一般」や行政書士試験の「一般知識」といった項目では、その年に起きたニュースに関する問題が必ず出題されます。参考書には載っていないし、試験直前に自分で整理する余裕がある人は少ないと思います。それに自分でやっても「傾向と対策」はつかめません。その点、専門学校の講師の予想はかなりの的中率でした。通信で学んだ芹澤美明さんも同様のことを言っています（139ページ）。彼は通信教育でこの科目の特別講義のＤＶＤを購入したとのことでした。独学を選んだ場合も、こういった科目の特別講義だけを通学や通信で受講する方法がお勧めです。

❷-⑥　年間費用はいくらかかる？

一方、通学のデメリットとして挙げられたのはたった1つ「費用がかかる」ことです。

通学を選んだ11人中4人が同様の答えをしています。他の人はデメリットについての回答がなく、私同様、必要経費と考えているのかもしれません。

では、1つの国家試験を通学で学んで、1回の受験のためにいくらかかるのでしょうか？受験する資格試験によっても、週何回通学するかによっても年間経費は全く変わってきますが、たとえば行政書士や社会保険労務士の週1回の受講コース費用が20〜30万円であっても、実際に勉強をはじめると、それだけではありません。特別講義受講料（1〜3回程度）、模擬試験受験料（数回）、交通費、受講時昼食代、自分で購入する参考書代、本試験の受験料などを含めると、行政書士や社労士で40〜50万円程度、司法書士・税理士で100万円程度の年間経費がかかると思ってください。

自己投資は、モチベーションの1つにもなります。「これだけ払ったのだから、絶対合格するぞ！」とか「これだけ自己投資したのだから、開業して絶対にもとをとる！」というようにです。

時間と費用の工面がつくなら、通学という手段は効率のよい学び方だと考えます。

❷-⑦ 学校より講師で選ぶ

学校を選ぶときは、まずパンフレットやネットの説明、模擬授業の動画などで、いくつかの学校を比較検討してください。学校説明会もあります。しかし、その際、受講料や通学時間に惑わされず、最重要のポイントはずばり「講師」です。

そして、候補にした講師の体験授業を必ず受けること。逆に言えば、申し込み前に体験講座を実施していない学校や講座は、候補からはずしたほうが賢明です。

1回目の社労士の試験勉強での私の大きな失敗は、専門学校の比較検討はしたものの、講師にこだわらなかったことです。最優先したのは土曜の午前中を通学にあてるという自分のスケジュールでした。そのため、機会があったにも関わらず、体験授業を受けませんでした。私が受けた講師は、平板な熱のない話し方をして、授業がうまいとはいえませんでした。ポイントがよくわからないというだけでなく、有名講師の授業と比べると授業を受けた後に残る高揚感を感じられませんでした。

受験1年目の大きな悔いの1つです。

コラム

退職して通学3年で税理士資格を取得

税理士
加藤由紀さん（仮名・42歳）

●取得年　平成10年
●開業　平成22年
●勉強期間　3年
●勉強方法　通学
●他の資格　FP技能士2級

税理士を目指したのは、23歳のとき。大学卒業後、1年間会社に勤務した後です。思い切って会社を辞め、試験勉強に専念しました。税理士資格を3年で取ると決めて、5科目の税理士試験を、1年目2科目、2年目2科目、3年目1科目で合格するという計画を立てました。平成10年12月に税理士資格を取得し、翌年1月に税理士事務所に就職。就職にあたっては、やはり資格をもっているのといないのでは全く違うと実感しました。独立志向がそれほど強くなかったのですが、税理士事務所に約10年間勤務するうちに、次第に開業したいと思うようになりました。

通学で取得

Q1　税理士事務所に勤務しながら税理士を目指すという方法を選ばなかったのは何故ですか？

勤めながらでは勉強時間を確保するのが大変で、取得まで時間がかかりそうだと思ったから。先に取ったほうが早い、と思ったからです。

Q2　通学という勉強方法を選んだのは？

通信は自己管理が難しそうで挫折しそう、通学のほうがメリハリが付くと思いました。

Q3　通学は週何日？

初めの1年は週5日、3年目に最後の1科目になったときは週1〜2日。

Q4　受験期間は、全く働かずに勉強に専念？

1年目は勉強に専念しましたが、2年目からアルバイトや契約社員をやりました。週3

日デパートでアルバイトしたり、契約社員として週5日企業内で社会保険の仕事をやったり。試験の1～2ヵ月前にやめて、勉強に専念しました。

勉強法

Q5 1日どれぐらい勉強しましたか？

だいたい7～8時間ぐらい、直前は10～12時間。大学受験のときより勉強しました。当時は、友達とも会わずに受験中心の生活。友達と会っていても勉強しなきゃと思って、遊んだ気にならない。それなら遊ばないほうがいい、という感じでした。

Q6 勉強で困ったことは？

試験は9科目の中から5科目選択（98ページ）で、「簿記論」と「財務諸表論」が必須。「法人税法」と「所得税法」のどちらかを必ず取る必要があります。

試験科目は、とりやすい順番があるんです。これを覚えていないと、これがわからないといった……。たとえば、簿記がわかっていないと法人税法がわからない。私は簿記がわからないうちに法人税の勉強を始めたので大変でした。

Q7 税理士試験の5科目をどんな順番でとったか、教えてください。

１年目は財務諸表・固定資産税、２年目は簿記論・消費税、３年目は法人税を選択しました。

Q8 モチベーションは何でしたか？

「受からないと再就職は難しい、取るしかない！」と思っていました。「これを取らずして人生はない」じゃないですけど（笑）、ずいぶん自分にプレッシャーをかけていました。

Q9 受験期間を振り返って

充実した日々だったような気がします。今思えば、ですが。確固たる目標があって、それに向かって進んでいるという状況だったので、それはそれでよかったと経験してみて思います。

通信教育のメリットとデメリット

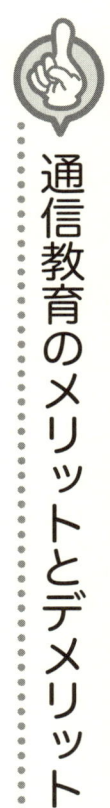

1 アンケートで見る通信教育のメリットとデメリット

アンケート回答でわかったことは、通信教育を選んだ人は、「通学に時間がかかりすぎる」、「休日が一定していず決まった日の通学ができない」、「子育て中で通学は無理」というように、通学の代替案として通信を選んだということです。

メリットは、「自分のペースで勉強できる」ことですが、これは諸刃の刃で「通学と比べて能率がよくなかった」という回答もありました。年間計画、月間計画をたててそれをきちんと実行するという強い意志力が必要な勉強法です。そのため、当初は通信教育で勉強を始めたものの勉強時間が確保できず、通学の週末コースに変更して勉強時間を確保した、という人もいます。

② 比べて選ぼう通信教育

一口に通信教育といっても、通信教育専門機関の紙のテキストを中心にしたものだけでなく、有名講師個人による動画ネット配信やメルマガやメールを主にした通信講座もあります（動画ネット配信型を選択した体験は134～140ページ）。大手専門学校の通信コースはこれらの複合型になります。

つまり、通信教育の経営主体には、①通信教育専門機関、②講師個人、③大手専門学校の3つがあり、学習するメディアとしては、①紙中心、②ネット中心、③紙とネットの複合タイプの3つがあります。

ところで、通信教育は通学に比べて格段に費用がかからないと思い込んでいる人はいませんか。通信教育といっても、上に述べたタイプによって費用の差が大きく、大手専門学校の通信コース受講料は通学の場合と同じです。おおよそですが、費用の多寡は次の順になります。

大手専門学校の通信コース ⇩ 有名講師等によるネット動画配信タイプ ⇩

通信教育専門の紙テキスト中心のコース

いろいろなタイプがあり費用も大きく違う通信教育だからこそ、いくつかの教育機関のパンフレットを取り寄せたり、ネットの口コミを参考にしたりして、しっかり比較検討して選ぶことが大切です。

紙中心の通信講座の場合は、パンフレットが届いたら添削指導が何回あるか、電話やメールで質問に答える体制があるか、スクーリング制度の有無、ネットでのミニテスト、模擬テストの実施といったサービスを比べてください。たとえば、電話で質問できるサービスがついているものがいいとか、スクーリングがあっても通えそうもないから不要だなとか、それぞれのサービスについて取捨選択をしてください。取捨選択という決断をすることで、自分が望んでいるまたはやろうとする学習スタイルが明確になります。

ネット配信の通信教育は、講義のサンプル動画がＨＰに掲載されています。それをいくつか見て選ぶことです。ネットの口コミは信頼度の高い情報ではありませんが、それをわかったうえで読んでみるといいと思います。

どちらの場合にもあてはまることですが、受講開始から試験日までの学習の流れ（年間カリキュラム）は、パンフレットやＨＰに明示されているでしょうか？　通信の場合は、通学に比べて個人の受講開始がまちまちのためか、取り寄せた2校のパンフレットではその点があいまいでした。受講を決める前に、不明点や確認したいところを問い合わせ窓口に電話して、応対姿勢も決定要素の1つにしてはどうでしょう。

それから、もし1回目の試験に落ちた時は、通学を検討したり、通信教育機関を変えることも考えたほうがよいと思います。

通信教育のメリット

① 仕事の状況に合わせて、自分のペースで勉強できる
② 授業の記録が残る
③ 通学に時間がかかりすぎるときも学べる
④ 子育てなどで通学ができないときも学べる

通信教育のデメリット

① ペースの進みや遅れが把握しづらい
② 勉強仲間ができない
③ 通学と比べて能率が良くなかった

コラム

通信講座で2年6か月、社労士試験に合格

社会保険労務士
芹澤美明さん（57歳）

●開業　2013年
●勉強期間　2年6ヵ月　●勉強方法　通信
●他の資格　年金アドバイザー

大学卒業後は製薬メーカーに勤務。50歳頃から自分で決定したことをやりたい、自分で何かをやってみたいと思いはじめました。自身の特性、リスク、得意分野に照らして探ると、「勉強して知識を得、それを人に伝えることが向いている、法律にもとづいた論理思考も嫌いではない――」。そんなことから、社労士、行政書士、司法書士、中小企業診断士といった士業資格が浮上し、社労士を選びました。

社労士試験合格後、70歳になってもバリバリ現役で働いていたいので、少しでも早くキャリアを積みたいと52歳で退職を決心しました。開業から3年、現在は前職の経験を生かし、

障害年金の請求代理業務を中心に活動するとともに、県内外の同じ志を持つ仲間と互いに障害年金に関する知識を教え合っています。

資格

Q1 ４つの士業候補の中から、社労士に決めた理由はなんでしたか？

最後まで迷ったのが、社労士と中小企業診断士でした。社労士のほうが一般的で業務内容がある程度見えていたこと、独占業務があることから、社労士を選びました。

Q2 社労士試験受験後に、年金アドバイザーの資格を取得されたのはなぜですか？

試験を終えて時間がぽっかりとあき、時間がもったいないと思ったから。もちろん、年金アドバイザーの資格が社労士の業務に役立つと思ったからでもあります。

Q3 年金アドバイザーの資格勉強は、現在の業務に役だっていますか？

社労士試験では省略されていた年金の一部繰り上げなど細かな部分まで勉強できたのは良い機会でした。

勉強法

Q4 社労士の資格勉強を始めて、最初の壁はなんでしたか？

範囲が広く難しい制度もあるため、当初は全体像が見えず、受験にむけたペースがつかめなかったことです。

Q5 年間計画を立てなかったのは、通信教育のカリキュラムに添ったからですか？

学習計画を立てずに、やれるときに一気にやろうと思っていました。通信教育のカリキュラムはありましたが、特に最初の受験の年は受験まで半年しかなかったので、試験対策が間に合わなかった。２年目以降はカリキュラムを早め早めにこなし、問題集を何度も繰り返して解いて知識の定着を図りました。

Q6 通信教育で学ぼうと思った理由は、なんですか？

当時は大都市圏ではない地方都市に住んでいたため、通学が難しかったこと。独学では重要な部分とそうでもない部分の濃淡がわからず、時間が無駄になると思ったからです。

Q7 通信教育で一番よかった点はなんですか？

仕事のペースに合わせて勉強ができたことです。

Q8 年間の費用はどれくらいだったのでしょうか？

基本コース受講料が10数万円、特別講義のDVDや模擬試験受験料などをあわせると20万円前後だったと思います。

Q9 通信教育を受けるにあたって、いくつか比較検討されましたか？

初めは、大手専門学校の有名講師が独立して始めた通信講座を見かけて、とりあえずやってみようといった軽い気持ちでした。決め手は講座の動画をネットで見て、メリハリのあるしゃべり方で解説がわかりやすいと思ったからです。

ほとんどの専門学校の通信講座は、ネットでデモ授業が公開されているので、それを見てわかりやすさや、しゃべり方が自分に合うかなど比較検討するとよいと思います。

Q10 2回目の受験後、通信講座を変えたとのことですが？

2回目は1点差に泣きました。同じ山を同じ道で繰り返し昇るより、別ルートで昇ることで弱点を克服しようと考え（といっても通信しか手段はなかったので）ネットの口コミを参考にして別の有名講師の講座を受講しました。この講座に出会えて、ペースや深さの見当がつくようになってからは楽でした。

Q11 通信講座の活用法を教えてください。

片道1～2時間、車通勤をしていたので、その行き帰りに通信講座の授業を繰り返し聞きました。ネットの授業の動画をパソコンに落として声だけを取り出し、1・5～2倍のスピードで聞くのです。英会話の学習法で早いほうがよく記憶できるという説があることや、繰り返し聞くので同じスピードでは飽きるからです。

Q12 苦手科目はなんでしたか？

社会・労働の一般科目です。とくに時事問題なども含まれる社会一般は、つかみどころがなく一番的が絞りにくい科目でした。ヤマをかけるといってはなんですが、独学ではかけようがない、そんな科目です。

Q13 どうやってその苦手科目を克服しましたか？

通信で特別講義のＤＶＤを購入し、学習しました。とくに白書関係は毎年内容が変わりますから、その年に東京などで行われた会場講義のライブ映像をＤＶＤ化して、１〜２週間後に発売されたもので学習しました。

Q14 ３回目の受験にあたっては、とくに何度も模試を受けたとのことですが。

３回目は、全体のペースもわかっていたので、早め早めに準備しました。模試も半年ぐらい前から受験しましたが、余裕をもって問題を解けました。また結果も良く合格可能性が高く出ていたので自信を持てました。

Q15 最後に、これから試験勉強をする人へメッセージを。

模試はいろいろな専門学校のものを受けたほうがいいですよ。学校によって視点が全く違う出題があります。そして模擬試験の問題を何度も繰り返してやってみることが重要です。社労士の試験に限らず、ほとんどの試験は満点を取らなくても合格できます。試験では多くの人が解ける問題を確実に得点し、多くの人が苦戦する問題は放っておいて構わない――それぐらいの割り切りが重要だと思います。

運転しながらの
受験勉強は英会話の
勉強法からの
発想だったんだね。

独学のメリットとデメリット

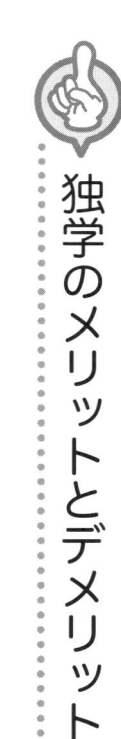

1 アンケートで見る独学のメリットとデメリット

通学・通信に比べて格段に費用がかからないのが、なんといっても独学の一番のメリットです。その他、マイペースで勉強できる、時間が節約できるといったメリットもあります。

その反面、社労士試験の初学者だったLさんは、「初期のレベルが低い時に、モチベーションをあげていくのに苦労した」というデメリットを挙げています。私も最初に書店で社労士試験用のテキストを書店で立ち読みし見たとき、「これは独学では無理だ」と思ったものです。私の場合は、会社員のとき、社労士の方と仕事で同席する機会があったり、自身も社労士業務の範疇に入る仕事をしていたこともあったにも関わらずです。今だから言えることは「最初はわからなくて当然」だということです。

アンケートに答えてくれたLさんは、こう続けています。「ある程度、手応えが出始めると勉強が苦にならなくなりました。頑張れば問題集の点数が目に見えて上がり、合格ラインに近づき超えていくのがモチベーションになりました」と。

また、独学のメリットとして「一番、力がつく」と答えたSさんは旧司法試験の択一合格者で、通学、通信、独学の全てを経験した人です。彼が挙げた独学のデメリットは「講師に質問できない」ことでした。このメリットとデメリットは実は表裏一体で、講師に質問できないから不明点は徹底して自分で調べる。そういう独学が結果的に「一番、力がつく」ことになると考えられます。

独学は受け身では絶対にできない学習法です。能動的、積極的に学習に向かわざるを得ないからこそ、チャレンジの効果も大きいと思います。

私は「社会保険労務士」と「行政書士試験」にあたっては通学という方法を選びましたが、他の資格試験は全て独学でした。こうしてアンケート回答を読むと、改めて独学の大変さとその良さを感じています。

独学のメリット

①費用がかからない
②マイペースで勉強できる
③通学時間が不要
④人と比べて劣等感をもたなくてよい
⑤一番、力がつく

独学のデメリット

①自分のレベルがわかりづらい
②講師に質問ができない
③初期のレベルが低いときにモチベーションをあげるのに苦労する
④なかなか勉強する気になれない

2 独学を選ぶときの留意点

近年、資格試験がますます難しくなり、2015年の社労士試験の合格率は2・6%。

旧司法試験並の難関でした。初学者の独学は、通学や通信に比べてかなりのハンディがあると思います。20年前、30年前の資格取得者から「それほど難しい試験ではない。独学で合格できる」とアドバイスされても、それを真に受けないほうが賢明です。「行政書士や社労士の資格ぐらい、独学でとってみせる」という意気込みは大事ですが、独学で勉強を始めたものの歯が立たず専門学校に通うことにしたという人もいます。

とはいえ、「独学」と決めた場合は、次の点に留意してください。

- **学習を始める前に試験科目を俯瞰して計画を立てる**
- **テキストはネットで購入せず、書店に足を運んで自分の目で内容や見やすさを確かめて購入する**
- **不明点はネット検索で解決する。どうしてもわからないときは、「教えて！ goo」や「Yahoo 知恵袋」などで質問する方法もある**
- **受験者数が多い模擬試験を最低2回は受ける**

こういった徹底的に能動的な姿勢が、独学での合格を招きます。

コラム　行政書士試験に独学1年で合格

行政書士
柴田賢一さん（仮名・36歳）

●取得年　２０１１年　●開業　２０１１年
●勉強期間　１年　●勉強方法　独学
●他の資格　宅地建物取引士　管理業務主任者

大学卒業後、飲食業界で働いていましたが、25歳から司法書士試験の勉強を始めました。士業開業をめざしたのは「人の役に立っている」と実感できる職業だと思ったからです。司法書士試験は夏、他の国家試験は秋なので、司法書士試験の合否がわかるまでの中だるみになりそうなこの季節に、宅地建物取引士や行政書士試験を受験しました。これらの資格は司法書士の勉強をしていたこともあり1回で合格しましたが、司法書士試験は3回受験して僅差で不合格。行政書士に合格した年に、行政書士事務所を開業しました。今後の目標は、コンスタントに人を雇えるような事務所にすることです。

Q1 通学せず、市販の参考書や問題集で勉強されたとのことですが。

司法書士試験の勉強のときは通学兼ネット講座を受講しました。といっても、実際はほとんど通学できず、ネット受講。その他の試験は全て独学です。

Q2 独学という方法を選んだのは？

テキストが書店にたくさんあったので、独学可能だと思いました。宅建も行政書士も司法書士と重なっている試験科目があり、司法書士の勉強をしていたので、すでにその知識があったからでもあります。

Q3 独学の長所と短所は？

なんといってもお金がかからないこと。反面、なかなかやる気になれないこと。

Q4 独学でやる気を持続させるコツは？

落ちたときのショックを想像して頑張る。かけてきた時間と費用に思いをはせて、それが無駄にならないようにと奮起する。

勉強法

Q5 宅建や行政書士の試験勉強時間は、1日どれぐらいでしたか？

仕事の拘束時間が10時間程度だったので平日の勉強時間は0～1時間、休日は3時間でした。

Q6 市販のテキストを選ぶ時、何を基準に選ばれましたか。

デザインと価格でしょうか。

正直言うと、どのテキストでも内容は大差ないと思います。

Q7 宅建、行政書士試験でもっともよく使ったテキストは、なんですか？

テキスト名は覚えていませんが、一番よく使用したのは過去問集です。

Q8 もっとも苦手だった試験科目とその克服法は？

宅建業法です。参考書には点数を稼げる科目だと書いてありました。しかし、不動産関連の仕事をしていたわけではないので、まず専門用語を覚える必要がありました。丸暗記しなければならない細かい数字が多かったのも、しんどかったですね。ひたすら問題を解きました。

Q9 試験勉強のコツは？

過去問は本番と思って解くこと。

その際、ケアレスミスをしないように気をつけること。マークシート方式で、答えを写し間違うといったケアレスミスは本当にもったいない。冷静になれば解ける問題を落とすのは、とてももったいないと思います。

いろいろな資格

Q10 たくさん資格をお持ちですね。

士業の人は皆さん、勉強が好きですから、私程度はもっているんじゃないでしょうか。専門知識を得るためには、資格取得のための勉強をするのがもっとも有効だと思います。期限があるし、目標もはっきりしますから。

Q11 もっとも役だっている資格はなんですか？

宅建の資格ですね。細かい知識は忘れてしまっていますが、行政書士として開業していると土地建物に関する業務もあり、クライアントさんと話すときに役だっています。

Q12 今後、資格試験や検定を受けたいと思っていますか？

知識を得るために行政書士業務に関した資格や講座、検定などを受けようと思っています。趣味として、地理・歴史関連の検定も年に1つぐらい受けていきたいですね。

どうする、学習計画？

1 通学なら学習計画は学校のカリキュラムを基準に

2つの国家試験にあたって資格学校に通った私は、試験勉強のための年間計画や月間計画を自分で作成しませんでした。学校のカリキュラムが基本的な学習計画になったからです。アンケートでも学習計画を作成した人は意外に少なく21人中6人で、そのうち通学の人は1人、5人が独学または通信で勉強した人でした。また、通学のメリットとして「年間計画や月間計画を自分で立てる必要がなかったこと」と答えた人もいます。

つまり、通学を選んだ場合は、自分で年間計画を立てなくても学校のカリキュラムに準拠すればよく、時と場合に応じて自分なりのアレンジを加えるといった方法でやっていけるということです。

学校のカリキュラムが自分の学習年間計画になるとはいえ、年間カリキュラムは最初にきちんと把握しておく必要があります。通学で受験勉強を始めることになったら、必ず最初にカリキュラムに目を通し、その順序を頭に入れることです。教材が手に入ったら、どんな順序で学習するか確認してください。そのためにかかる時間は短いけれども、全体を俯瞰する貴重な時間です。

なお、専門学校の通学コースの開始時期は、通常、本試験のその月か翌月に設定されています。

たとえば、行政書士は11月、社会保険労務士8月、中小企業診断士9月、司法書士8月（または新学期が始まる4月）、税理士は9月（または合格発表の翌月、1月）が標準ですが、これより1か月、2か月後に入学することになっても、その月から開講する講座があったり、フォローアップ講座があったりして、本試験までに試験科目の学習を全て終えられるカリキュラムが組まれています。（TAC調べ）

このように専門学校のカリキュラムは、いつから士業資格試験をめざしても至れり尽くせりの感がありますが、だからといって、すべてオマカセという姿勢では合格はおぼつかないことはいうまでもありません。

❷ 通信教育は科目数から学習計画を

通信教育のメリット・デメリットで述べたように、通信教育といってもさまざまですが、1つの特徴は「いつからでも始めやすい」点にあるといえるでしょう。教育機関のほうでも利用者のこのニーズがよくわかっているためか、カリキュラムが記されているパンフレットは意外に少ないのが現実です。通信教育によっては、教材とともに書き込み式の計画表が届くものもあります。

紙のテキスト中心の通信教育の場合は冊数の多い教材をいったん離れて、受験科目数から計画を立てるほうが悩まずに済みます。

たとえば本試験まで8か月あって、試験科目が7科目とすると、最後の1か月は過去問や模擬試験受験のために割き、1か月に1科目ずつやると仮定してみましょう。しかし、何事にものりしろは必要です。予定通り順調に進むとはかぎりません。2か月で3科目ずつやれば、5か月めの半ばに試験科目を一通り勉強したことになります。順調にいけばあと2か月半が、苦手科目の復習と過去問や模擬試験を解くことにあてられます。

３ 独学ならテキストの目次から学習計画を

資格試験をたくさん受けてきた私ですが、「社労士試験」と「行政書士試験」、「簿記２級」以外は全て独学でした。そんな私が新しい資格にチャレンジするときにやる簡単な計画の立て方をご紹介します。

まず、試験内容が１冊になった市販のテキストを購入します。そして目次を見ます。各章のタイトルにざっと目を通し、章の数に注目します。

そして、試験内容に関する基礎知識がまったくないときは、次の計算式で、各章の学習にかける月数を計算します。

（試験まであとＸか月－２か月）÷章の数＝各章を学習する月数

比較的簡単な試験や、試験日まであまり時間がないときは、マイナス２か月を１か月に変えたりしています。この「２か月」という期間は、最初に全体を一読する期間であり、最後に過去問や模試を受けるための期間、そして「のりしろ」（予定通りに進まなかったときの調整期間）用の期間です。

さらに、独学で臨んだたくさんの資格試験の中には、試験内容に関する知識がすでにあることもありました。しかし得意分野は一部で、得意とする内容の項目（章）と苦手とする項目（章）が必ずあります。試験によっては全く知らない項目もありました。

そこで、先の計算式をもとに微調整します。全く知識のない章や苦手意識の度合いによって、この章は1・5倍ぐらい時間をかけようとか2倍にしようとか考えるのです。そして、目次の章の左に、鉛筆で、何月、何月、何月と書き込む。これで、私の学習計画は終わりです。

なお、テキストが1冊にまとめられていない国家試験の1つに「社労士試験」があります。社労士の業務（試験）は大きく分けて「労働法」と「年金」関係なので、市販のテキストも多くはこの2分冊になっています。初学者にとってはどちらもわからないのが普通ですが、2度目以降になると、自分の得意不得意がわかってきます。当時、私は労働法が苦手でした。どちらが得意かは人によって違いますが、苦手意識の度合いによって、学習時間の配分を1・5：1とか2：1にして計画を立てます。

簡単！　受験用学習計画の立て方

１　試験内容が１冊になったテキストを購入

２　目次を通読し、全体を俯瞰

３　章の数に注目して、次の数式にあてはめる

（試験まであとＸか月−２か月）÷
章の数　＝　各章を学習する月数

※２か月は全体を一読する期間、過去問や模試等の仕上げの期間、予定通り進まなかった時の予備の期間

４　下の項目で微調整する

⑴ 重要度（頁数に比例することが多い）
⑵ 苦手な項目
⑶ 得意な項目

５　目次の各章に、勉強期間を書き込む

1日の学習スケジュール

1 平日のスケジュールと学習時間

1日の学習スケジュールは大切です。アンケートでは21人中5人が1日のスケジュール（平日と休日）を立てたと答えています。平日は、比較的規則正しい生活をしている会社員の場合、1日のおもなスケジュールが決まっています。その隙間に、どのようにどれだけ勉強時間を挿入するかが重要です。

私は、社労士試験の受験にあたって平日に1日2時間勉強する、休日の土曜・日曜の2日間で10時間勉強すると決めました。すると、1週間に20時間が確保できます。

1年を50週としても、

２０×５０＝１０００時間

1年間で１０００時間、2年間で２０００時間もあるのです。２０００時間も勉強すれば、たいがいの試験は合格します。問題は、これを実行するかどうかです。コツコツ型の私はこれをおおむね実行しました。いや、全く下戸ですが、飲みに誘われたら気分転換と割り切ってつきあっていました。そんな機会が週1回ぐらいあったので、それを土日に取り返すように心がけました。振り返ると、土日で12時間ぐらい勉強していました。

なお、次のページにある平日の1日のスケジュール（円グラフ）では朝5時45分起床、夜12時15分就寝となっています。この起床と就寝時間は、国家試験のためのものではなく何十年間も変わらない私の習慣です。朝の通勤時間は寝不足の解消と勉強でした。

一方、試験勉強に専念する人は、仕事をしている人より自己管理が必要です。24時間を自己管理するのは予想以上に大変だったという人もいます。起床と就寝の時間を決めることから始めるといえば小学生のようですが、これが基本です。1日のスケジュールを立てるにあたって、「8時間睡眠をとって、残りは16時間。あまり欲張らず、この半分を勉強に費やせばいいと考えると、気が楽になった」というアンケート回答もありました。

1日8時間勉強し、週に1日休んだとすると、

8×6×53＝2544時間

私の2年6か月にあたる時間を1年で勉強したことになります。

❷ 休日のスケジュールと学習時間

娘が結婚式のときに言いました。「うちの父と言えば、机に向かって勉強している姿しか知りません」と。これには参りました。その後、妻が「中学生の頃、映画に行くのはいつもパパとだったでしょ」とフォローしてくれたようですが、国家試験の勉強を始める前から、資格マニアの私は休日の勉強が習慣になっていました。

平日に勉強時間を十分取れないので、休日をどう過ごすかが資格試験の合否を決める大きな要素になると思うからです。しかし、1年間ずっと休まずに勉強するのは無理です。私も月に一度は好きなゴルフに行きたかったし、たまには家族で食事したりショッピングにつきあったりしなければ申し訳がたたない。日曜日がゴルフや行事などでつぶれるときは、土曜の講座の後、自習室で集中的に勉強して帰宅しました。

左表が私のスケジュールですが、土日に10時間が目安でした。

とはいえ、「あと何時間やればいい」という勉強は身につきません。時間はあくまでも目安と考え、時間を見つけて勉強するという習慣をつけることが大切です。

士業資格勉強中の1日のスケジュール

平日のスケジュール

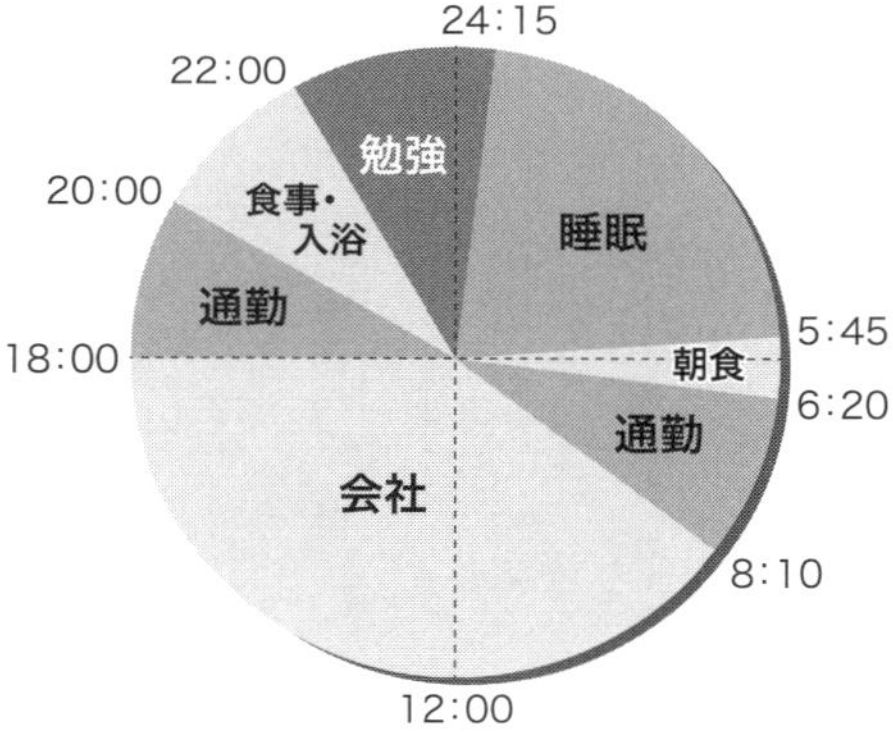

休日のスケジュール

通学した休日

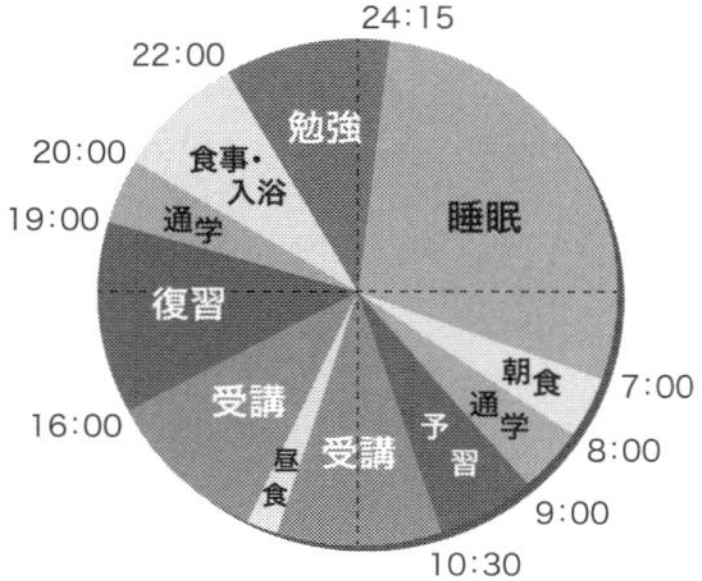

家にいた休日

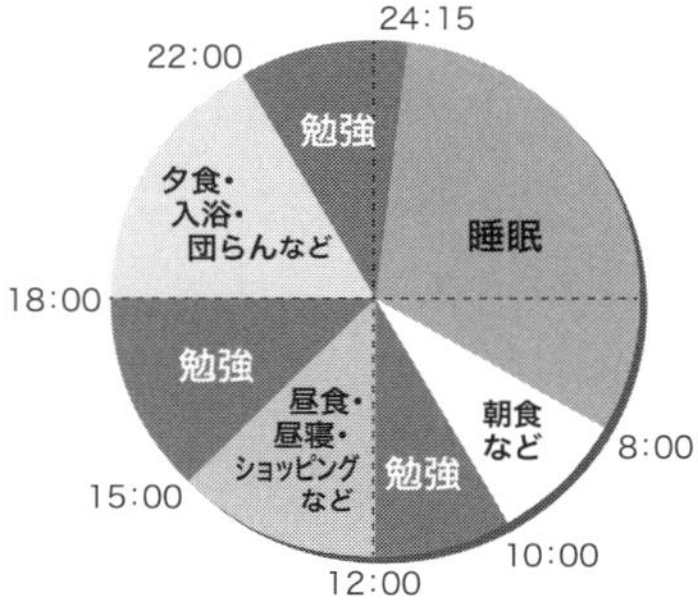

隙間時間の活用が合否を決める

1 通勤や出張時の車内、昼休みの隙間時間

会社に勤めながら試験勉強をする場合、勉強時間をどうやって捻出するかが大きな課題です。平日は、隙間時間を活用するほかありません。

1つは、通勤の車内です。私の場合は、通勤に往復4時間弱かかったので、車内での時間を有効活用しました。家が遠いことも欠点ばかりではありません。疲れるのは確かですが、勤務地から離れているので朝の電車は座れることが多く、帰りは幸い始発駅だったので座って勉強できました。

勤務時間が長く通勤時間が短かったTさんは、朝の2時間を会社近くのカフェで勉強したと言います。さらに彼は、出張の時は自腹でグリーン車に乗り、移動時間を勉強にフル活用したとのことです。

私は往復4時間の通勤時間のうち、試験の2か月ぐらい前までは朝の時間を試験勉強と睡眠にあて、帰りは夕刊か好きな歴史小説を読んだり眠ったり。こうして週5日、計5時間ほど勉強していましたが、通勤電車の中での勉強は、勉強時間にカウントしないと決めていました。

昼食をとり終えた後の20〜30分も貴重な隙間時間です。私は社内勤務でしたが、試験の2〜3か月前までは昼休みに自分の席でテキストを読んだりしませんでした。しかし、試験直前には、昼食後の20〜30分も無駄にできないという気持ちに駆られ、テキストを読んでいました。それでも、誰も私が試験勉強をしていることに気が付いていませんでした。

❷ 隙間時間にカフェ勉、ファミ勉

外回りのときは、打ち合わせのための時間調整が格好の勉強時間になることはいうまでもありません。資格取得のための勉強を始めたら、よく立ち寄る場所の近くで勉強しやすいお気に入りのカフェやファミレスを見つけておきましょう。そしてアラームをセットして勉強を始めます。アラームをかけておけば、時間が気になって勉強に集中できないというデメリットがなくなります。もし打ち合わせのための直前準備が必要なら、それは先に済ませること。この時間を逆にして、あたふたしてしまうと、本業でよい結果が得られません。

私の場合は、会社帰りに銀座のサンマルクカフェや上野のファーストキッチン、有楽町ガード下の喫茶店でよく勉強して帰りました。サンマルクカフェは地下1階の奥に行けば、誰にも邪魔されない一角がありました。上野のファーストキッチンでは2階の窓際のテーブルが高いし、フロアに背を向けて座るので人の気配が気にならず集中できました。有楽町の喫茶店は、今は改装されていますが、一人用の机に電気スタンドが付いているブースに仕切られたエリアがあり、どうぞここで勉強してください、というような喫茶店でした。

開業後は勉強のためではなく、打ち合わせの時間調整のためにファミリーレストランやカフェに行くことが多くなりました。ロイヤルホスト、デニーズ、ジョナサンといったファミリーレストランや、エクセルシオール、タリーズ、ドトールといったチェーン展開のカフェです。

私が受験勉強をしていた10年前より、最近のほうがこういった場所で勉強している人が増え、今では「カフェ勉」という言葉もあるようです。

しかし、資料を広げて読んだり書き込んだりする作業には、カフェよりファミレスのテーブルのほうが作業に向いています。コーヒーを飲むテーブルより食事をするテーブルのほうが高くて広いからです。テーブルが低いと姿勢が悪くなって疲れるので、ファミレスのほうが勉強や作業に適していると、最近、実感しています。

こういったお店は何時間居続けてもフロアスタッフに嫌な顔をされることがありませんが、同じチェーン店でも居心地のよさが全く違います。

試験勉強を始めたばかりの頃はまだ時間があるので、勉強しやすいファミレス・カフェ探訪をしてみるといいと思います。「〇〇（渋谷、新宿、丸の内といった地域名）、カフェ、勉強」で検索すると、勉強しやすいカフェ一覧のページがたくさんあります。

隙間時間はスマホやタブレット

1 携帯に便利な教材を自作

通勤時間の長い私には、朝の車内は貴重な時間でした。試験直前は立ったままでも勉強していました。行政書士の試験勉強のとき、私が使っていたのは『行政六法』の分冊、重要単語のカード、小さいサイズの要点整理型参考書の3点です。

分冊は手作りでした。比較的小さいサイズの『行政六法』をバラバラにして、必要部分に分けてホッチキスで止め、それを持ち歩いていました。カードは専門学校から発行されていました。手作りもできますが、私の字は美しいとは言いがたいので、市販のものを使いました。要点整理型参考書は赤い下敷きがついていて、それをページの上に載せると重要事項が見えなくなるタイプを使っていました。通勤時間に限らず、ヒマさえあれば、これらのどれかを取り出して読むのです。

❷ スマホやタブレットは超便利な学習ツール

受験勉強は従来どおり紙のテキストがいいという声が私の周りには多いのですが、スマホやタブレットを活用してデジタル教材を携帯する方法もあります。スマホやタブレットといえばゲームやSNSなど遊びのツールにしがちですが、試してみて、多機能で大変便利な学習ツールであることがわかりました。

❷-① メルマガを読む

通学や通信という学習方法を選択すると、学校からメルマガが配信されます。独学なら気に入ったメルマガを登録して、隙間時間に読む習慣をつけます。試験日に照準を合わせて配信されるので、自分の学習の進度チェックにも役立ちます。

❷－② アプリや電子書籍は、携帯用テキストとして最適

スマホやタブレットに受験用アプリをダウンロードして、外出中の隙間時間はこれで勉強します。ただ残念ながら、無料アプリは内容が簡単すぎてほとんど役にたちません。本気で勉強に使うなら、購入タイプのアプリやアプリ内課金があるものを選ぶことです。

アプリの購入先は、ゲームと同じgoogle playやApp Storeです。士業名で検索すると、たくさんのアプリがあることに驚くと思います。まず、お試し版があるアプリをダウンロードしてみるのもいいでしょう。士業資格学習用アプリには、工夫を凝らした機能がついているものもあり、ゲーム感覚でできるアプリもあります。

Amazonや楽天ブックスといったネット書店で購入できる電子書籍には、通常、ラインマーカーが引ける機能がついています。画面の文字を指でなぞるとラインマーカーのような色が付き、その箇所を一括して見ることができます。気に入った参考書があれば、自宅学習用に紙の書籍、スマホかタブレット用に同じ参考書の電子書籍を購入して繰り返し学習する方法があります。

❷-③ 録音機能で自作ヒアリング教材を簡単作成

録音機能も役立ちます。録音機能がプリインストールされていない場合は、録音アプリをダウンロードして使います。

英会話では聞き流して覚える学習教材が販売されていますが、録音機能を使ってそれを自作します。受験用テキストのCDも販売されていますが、テキストを自分で音読して録音アプリに入れれば、自作ヒアリング教材が簡単にできます。

人には目で覚えるタイプ（視覚優位型）と耳で覚えるタイプ（聴覚優位型）があるといわれますが、聴覚優位型の自覚がある人にはとくにいい方法だと思います。また、聞くより読むほうが体力がいるので、仕事で疲れ果て参考書を読む余力がないとき、イヤホンで聞き流すこともできます。

さらに、音読と黙読を併用すると、音読だけ、黙読だけの時より記憶の定着率が圧倒的によくなると言われています。録音のときは、単に自作教材を作るという目的だけでなく、声に出して読みながら覚えようという姿勢で音読するとよいようです。そうすれば、知らず知らずのうちに説得力のある読み方ができ、聞き手になったときも記憶の定着率が高くなります。

❷-④ メモやリマインダーを復習ツールに

スマホやタブレットの活用法は、まだほかにもあります。メモやリマインダー（to do リスト）機能も大変役立ちます。この機能は通常プリインストールされていますが、無料アプリにも使い勝手のいいものがあります。

これまでは紙のメモ帳でやると効果的とされていた学習法を、このデジタルツールを使ってやるのです。通勤電車の中や出先で、気になる重要単語や帰宅後に確かめたいことなどを入力しておき、帰宅後はそれを確認したり不明点を調べたりしてから、今日の予定の自宅学習を始めます。そして、1日の勉強を終えた後に、明日学習することを入力しておきます。

❷-⑤ 音声入力を活用する

メールで音声入力をしたことはあるでしょうか。道案内をスマホやタブレットに尋ねたことはあるでしょうか。今後ますます一般的になると思われるのが「音声入力」です。録音機能ではなく、声を文字に変換したり、声に反応して返答する機能です。

音声入力の文字変換機能は、目下は誤変換もありますが、手入力に比べて格段に時間がかかりません。そばに人がいるときは使用がためらわれますが、時と場所によっては非常に役だち、使って楽しい機能でもあります。

たとえば、寝る前にふと気になったことを、スマホやタブレットのメモ帳に音声入力で書き留めておくこともできます。その方法は、メモの画面をタップするとローマ字の入力画面がでてきますが、画面の下の段にあるマイクのイラストをポイントして、スマホやタブレットに向かって話しかけます。

まずは今日、学習したことを音声入力してみてください。音声入力機能は、まだ資格試験に使われる専門用語を知らないので、誤変換も出てきます。誤変換された専門用語を手入力で修正して記憶を定着させます。

やる気の持続は散歩、筋トレ

1 歩けばやる気が出る

勢いこんで勉強を始めたものの、やる気が持続しない。あるいは、そもそもやる気が湧かない、そんなこともあります。「どうしたら、いいですか？」と、真顔で尋ねられます。答えは簡単です。多くの医師をはじめ専門家が書いていますが、「外に出て歩くこと」です。最低でも1日20～30分歩く、もしくはゆっくり走る。そうすることで脳内にセロトニンという物質が生まれ、目的とすることに向かって積極的な気持ちになれるのだそうです。

当時、私はこの効果を知らないまま、よく歩いていました。

2 退社時に歩く

築地に勤務していたので、夕方は会社から有楽町または東京駅まで歩きました。築地からまっすぐ目的地に向かって歩くのではなく、川沿いに佃大橋を経て八丁堀や茅場町経由で東京駅までというコースでした。四ッ谷勤務のときは市ヶ谷駅から飯田橋駅まで歩いたり、新宿駅まで歩いたりしました。

歩くことが好き、江戸の昔の風情が好きということで歩き回っていたのですが、それが結果的によかったのだと思います。

1万歩以上歩いて帰っても、必ず夜中の勉強はできていたので、「歩き疲れて夜の勉強ができない」といったことはないと保証します。

③ 筋トレで長時間の学習に耐えられる体力づくり

歩くことが習慣になったら、次は筋トレです。筋肉が貧弱になってくると、とくに座っていることが苦痛になるといわれます。長時間座っていなければならない試験勉強のために、気分転換を兼ねて腕立て伏せや腹筋、背筋などの筋トレをやると一石二鳥です。

自宅でもできますが、私は週1回スポーツジムに通い、筋トレやダンベルを使ったエアロビなどをやっていました。

受講の心得と試験直前のポイント

1 受講中はラインマーカーと鉛筆を手離さない

通学コースを選択すれば、学習計画もカリキュラムに添えばよく、講師が説明してくれてミニテストもあり、と至れり尽くせりです。しかし、講義はワークショップのような参加型ではなく講師の解説に終始するので、講義中は聞き手として受け身になりがちです。

受講生がどうあってほしいか、という視点が記された講師の本を読んだことがあります。

〈講義中に腕を組んで考え込むように講義を聴いているだけの受講生で、成績のよかった人を私は知りません。「講義中はとにかく一応概要を把握して、本当の勉強は講義が終わってから」みたいに考えている受験生が意外と多いのです。本当にもったいない話です。〉

〈できる人は板書以外でも、常にペンを持ち続けて私の説明をテキストに書き写す努力を続けています。実は、これがいちばん記憶に残る作業なのです。〉

（『自分を変える資格取得術』超速太朗著　TAC出版）

講義中にラインマーカーと鉛筆を手放さなかった私は、ここを読んで、ほっとしたものです。

❷ 予習は必ずやる

この当たり前のことを実行してください。私は週末に1時間かけて通った通学時間を利用しました。行きに予習、帰りに簡単な復習です。予習のためにテキストを読んでも、1年目は全くわかりません。わからないから学校に通うのです。とくにわからないところは、鉛筆でアンダーラインを引いておきました。こうしておけば、授業で該当箇所の説明になったとき、問題意識をもって聴くことができるからです。

❸ 過去問を復習に組み込む

私の（たぶん多くの受講生の）勉強は、その週に受けた授業の範囲を次週の授業までに徹底的に理解すること、つまり授業の復習にあたる内容でした。153ページからの独学の項で述べたように、過去問もカリキュラムが全部終わってからやるのではなく、その単位ごとに終わったところだけをやりました。過去問題集を購入して、復習に組み入れるのです。

④ 苦手科目を大切に

苦手科目を大切にするのは当たり前のことですが、よく聞くのが、「好きな分野ばかり勉強してしまう」という声です。7～8割もその分野の勉強にあてて、自分で勉強したつもりになって、結果、「落ちました」。それは当たり前でしょう。得意分野の勉強は、いわば遊んでいるようなものです。とっつきにくい分野を勉強してこそ、初めて勉強といえます。それを実行するのは意志しかありません。

先に記した独学の際の学習計画の立て方では、苦手科目に多くの時間を割く計画を組んでいます。

専門学校のカリキュラムは、通常、「基本期間」と「錬成期間」に分かれていますが、錬成期間はとくに苦手科目克服期間と心得ることです。テストで間違ったところはテキストだけでなく法律の条文に戻って徹底的に理解します。

5 100点をめざさない

講義中に、実に細かな質問をする人がいます。講師も返答に困るような質問だったりして、初めはよく細かく勉強していると感心していましたが、次第にそこまで細かいことは試験に出ないよとあきれる気持ちが強くなりました。そのために困ったことは、彼の質問のせいで授業が中断して、講義の流れが滞ることでした。ツッコミもほどほどにしてもらいたいと思ったりしたものです。

こういう人は「完全主義」で「満点を目指す」というタイプです。しかし、試験の成績がその後の職業人生に影響するのは、司法試験と国家公務員上級試験だけです。試験で100点をとる必要はまったくなく、足切りにひっかからなければいい、それがほとんどの国家試験や民間の資格試験のルールです。

試験勉強に「虫の目」は欠かせません。しかし、顕微鏡で覗く必要はないのです。また往々にして、細かなことが気になりすぎる人は、流れを読む「魚の目」や俯瞰する「鳥の目」を忘れてしまいがちです。気をつけてもらいたいと思います。

⑥ 択一問題を勘で選ばない習慣をつける

マークシート方式の四択問題は、初学者が思う以上に手強いものです。問題集を解くようになると、多くの場合、二択までは間違いであることがはっきりわかるのですが、残りの二択の選択が難しい。これは私の体験だけでなく、士業となった元受験生たちの実感でもあります。

この残り2問を勘で選んでいるようでは、国家試験の合格はおぼつかないと思ってください。問題集を解く時は、「なぜこの選択肢が間違いなのか」をはっきりと意識して解けるようになるまで勉強してください。

⑦ 模擬試験は必ず2~3校で受ける

繰り返しますが、国家試験の場合は、受験者数が多い模試を選んで何校かで受けることが非常に大事です。たとえば、大手のA校に通学していたとしてもA校だけで模試を受けていてはいけません。通信教育のコースに模擬試験がついているからと、安心していてはいけません。模試は会場に行って受けること、A校だけでなくB校、できればC校の全国模試も受けることです。

全く傾向の違う問題が出て手も足も出なかったり、自分が通っているA校の試験が非常に難しく他校の模試を受けてほっとするといったことが起こります。緊張感が強すぎると本試験でいい結果が得られない可能性が高くなりますが、それを怖れて模試を受けないという選択をしてはいけません。その年に合格を目指すならば。

コラム 私の社労士試験合格体験記

●1点差で泣いた1年目のショック

「今年の択一問題の合格ラインは昨年より下がって、43点でも合格の可能性があるでしょう」と専門学校および雑誌のコメント、また自己採点は44点でなんとか合格点をクリアしたと思っていたが、結果は43点で不合格でした。

選択は問題なくクリアしていました。

「1点差で泣く人が毎年たくさんいますよ」と聞いていたが、まさか自分が当事者になるとは。しばらくはショックで何も手がつかない状態でした。

12月に入り、各専門学校の受講料割引試験（※1）を受けましたがまったく解答ができない状態で、どこも割り引いてもらえませんでした。そんなときA校の再入学制度（※2）を知り、飛びつきました。内容云々より、お金の問題が第一でした。

ガイダンスで聞いた先生の説明、およびプログラム、大宮での少人数の講義等、自分にあっているとの感触はありましたが。

●もう1年はごめんだと再挑戦

セミナーのカリキュラムどおり学習を進めれば合格するコースということで、上級者合格コースを選択しました。12月以降はスーパー答練、合格答練と毎週続きましたが、これがなかなかハードでした。

昨年は1年間、別の学校で基礎講座を受けて基礎知識はあるはずなのに、別の教材を学習しているようでした。総合答練でも合格点が取れない状態が続きました。

総合答練、合格答練でなんとか上位者に名前を載せようと予習復習を相当しましたが、3回しか名前は載りませんでした。6月に入り、合格答練に一般常識・年金特別講座が加わり、毎週末は二日ともセミナー通いでまったく休みがなくなりました。

7月に入ると、全国模試と1カ月完成講座です。この1カ月完成講座に至って、ようやく講座内容が理解できるようになりました。なにはともあれ、上級者必勝合格コースを

1回も休むことなく受講し終えました。「この勉強をもう1年したくない」という一念で、大学受験以来の勉強をしたと自負しています。

3カ所で模試を受けました。A校の模試が一番難しく、まったく合格点に達しなかったのです。他校の模試では択一で50点(※3)以上取れましたので、A校の模試は別格だと思いましたが、一校の模試しか受けていなければ立ち直れなかっただろうと思います。

模試は数カ所で受験したほうがよいと思います。

模試では選択が足を引っ張るようになりました。どの模試でも1科目点数が取れないのです。従来、選択は得意でまんべんなく点数を取っていたにもかかわらずです。

そのため、選択恐怖症に陥り夜眠れなくなってしまいました。そんなとき「Get」(※4)の選択式予想問題を見つけ、各学校の模試に同じような問題が出ていることを発見しました。「Get」の予想問題まで手が回っていなかったのです。それから「Get」の予想問題を切り抜き、朝晩の通勤時間に何回も目を通しました。

●働きながらの私の勉強法

会社勤めをしながら週末のコースに通っていたので、直前の週末は授業とその復習で15

〜20時間は勉強時間にとりました。

講義は10時半からですが、9時には会場に入り、予習時間にあてました。

また、終了後も宿題の出たときはその宿題を、宿題のないときは復習をするように心がけ、極力A校の自習室で集中して勉強しました。

平日は毎日2時間を最低目標としました。毎日片道2時間弱の電車通勤ですので、それまでは極力睡眠または読書、帰りは夕刊を読むという自分にとって貴重な時間でしたが、せっかくのまとまった時間ということで、有効に使いました。

また、気分を変える意味で、会社帰りにファーストフード店や喫茶店に寄って1〜2時間勉強して帰ることもありました。

出張の折には必ずテキストと問題集を持ちこみ、ホテルで勉強するようにしました。不思議なもので、ホテルでは時間が十分とれるのですが、学習そのものはあまり進みませんでした。

サラリーマンですからちょっと一杯ということもありますが、これは気分転換もあり、普段の付き合いを心がけました。

●1週間の夏休みを取り直前学習

直前1週間は夏休みが取れましたので、毎日10時間以上は勉強に専念しました。8月14日と15日は、超直前対策セミナーを受講しました。16日からは午前、午後、夜と1日を3つに分けて、全科目につき、スーパー答練、合格答練、1カ月完成講座、模擬試験の総復習を行いました。問題と解説の全部に目を通しました。1カ月完成講座の自習分も含めると相当のボリュームであり、なかなか予定どおり進みませんでした。

また、いくらやっても十分ということがなく、不安ばかりつのり、最後は眠れなくなりました。先にも書きましたが、選択で足切りにあったらという不安もあり、ベッドに入っても頭が冴えて眠れないのです。最後の2日間はほとんど寝ようともせず、眠くなったときにうとうとした程度です。試験当日は気が張っているから、試験中に寝ることもあるまいと開きなおっていました。

●試験本番実況中継

睡眠不足で体調は最悪の状態でしたが、本試験会場である埼玉アリーナは前年と違い冷房状態もちょうどよく、トイレも席から近い場所でなんとなく安心しました。前年はものすごく寒くて、トイレも遠く、監督員に断ってトイレまで走りました。

選択では健康保険の問題を読んだとき、一瞬頭が真っ白になりました。とりあえず最初の3問を後に回して、30分ほど健康保険法にのみ取り組みました。70歳未満と70歳以上の高額療養費の表を書き出し、なんとか最初の3問を解答することができました。(※5) 3問できて少し気持ちが落ち着きました。

昼休みには、健康保険法のみ確認。先生方からは、絶対に選択の答え合わせはしないようにと言われていましたが、確認しなければ気になって午後の択一問題に向かえない状況でした。

択一では2つまでは絞れるのですが、後の1つがなかなか絞れない問題が多く出ました。終了時間ぎりぎりで、何とか全部解答することができました。見直し時間はほとんどありませんでした。

終わって、駅までの通路で選択の解答速報をもらい、喫茶店に入り、まず答を確認した後、1時間以上熟睡していました。その後、大宮校の解答速報会に行き、択一も50点取れていることを確認して、長い1年が終わりました。

社労士試験は当初考えた以上に大変な試験でした。科目が多く、大学で学んだ知識もほとんど役に立ちません。でも、やればやるだけ理解度が進み、実力がつく科目の試験です。いつか社労士として仕事ができることを楽しみに、合格体験記のペンを置きます。

（※1）受講料割引試験
前年度の他校の受講生でも独学生でも、学校の試験を受けて成績がよければ授業料が割引になる制度。

（※2）再入学制度
前年の他校受講票を提示すれば、授業料割引になる制度。

（※3）択一問題
社労士試験の択一問題は70点満点。当時も現在も変わらない。

（※4）「Get」
社労士試験専門の月刊誌。現在は廃刊。

（※5）3問
選択問題は1科目5問で、正解が2問または1問以下で足切りになる（難易度によって足切りの基準は、毎年変わる）ので、3問できればよしとされる。現在も同じ。

第4章

これで万全！　開業準備

開業準備はマーケティングから始めよう

❶ マーケティングは士業にこそ必要

開業準備といえば、名刺や挨拶状、ホームページの作成、士業団体への登録……そういったことが思い浮かびます。しかし、稼げる士業になるために開業前にしなければならないことは、まずマーケティングです。

「士業もマーケティングが必要なんですか？」

そんな二十世紀的思考の人はいませんよね。

「マーケティングって、つまりマーケットリサーチ（市場調査）のことですか？」

それもマーケティングの一部ですが、全てではありません。

たとえば、Wikipediaでは「マーケティング」の項目に非常に詳細な解説があります。

自分が持っているマーケティングについての知識と照合してみてください。

マーケティングとは、企業などの組織が行うあらゆる活動のうち、「顧客が真に求める商品やサービスを作り、その情報を届け、顧客がその価値を効果的に得られるようにする」ための概念である。また顧客のニーズを解明し、顧客価値を生み出すための経営哲学、戦略、仕組み、プロセスを指す。（略）
一部のビジネスの現場やマスメディアにおいては、広告・宣伝、集客や販促活動のみをマーケティングと捉える傾向が強いが、これは本来戦略的なマーケティング活動の意味からすれば極めて限定的な行為を指すものであり、誤解であるといえる。
（「Wikipedia」より）

ざっくばらんに言えば、「自分がやりたいこと、やれること」と「世間が要求していること」をマッチさせることがマーケティングの原点であり、「稼げる士業」開業をめざす人が最初にしなければならないことです。

❷ 自分の強みを見つける

比較的業務範囲の広い士業は、行政書士、社会保険労務士、FP、中小企業診断士です。たとえば、行政書士は取り扱える書類が1万種類ほどもあると言われています。会社設立の際の定款作成、相続人の調査や遺産分割協議書の作成といった業務が代表的ですが、業界に特化した業務もあります。運送関係や農業関係の許認可、建設業許可申請、在日外国人の諸登録といったように、です。

資格試験を受けるときに、やってみたい具体的な仕事があって受験するのがベストですが、実際なかなかそうはいきません。資格をとってから開業までの時期こそ得意分野を探し、自分の強みをさぐる時です。そのためには、1章の各士業の関連資格「専門性を深める資格や講習」から、興味のあるものを見つけて勉強を始めてください。やってみると、自分に合う合わないことがはっきりしてきます。

「自分は絶対にこれだ！」という確信が開業前にもてなくてもかまいません。実際、仕事をしながら徐々に専門分野が決まってくる場合が多いのですが、「得意分野を見つける」という意識をもち、それに添った行動を起こすことが大切です。

3 スペシャリストかゼネラリストか？

士業という資格は社会一般からみればスペシャリスト（専門家）ですが、先に述べた業務範囲の広い士業の場合はとくにスペシャリストとゼネラリスト（分野を限定しない広範囲な知識や経験を持つ人）の2つの方向があります。

どちらがいいかは一概にいえず、その選択は「あなたの気質」に関係します。1つのことに夢中になるタイプか、いろいろなことに興味をもつタイプか、ということです。私の場合は、明らかにゼネラリスト・タイプで、現在のおもな仕事も広範囲な知識が必要な会社顧問です。しかし、その一方で相続という得意分野はあります。「なんでもできる」は「なにもできない」に通じるところがあるので、本当のゼネラリストになるためには、まず核となる得意分野をみつけ、そこから業務の幅を広げるといった方法が理想的です。

そのとき、考慮しなければならないのは、「地域性」すなわち顧客の需要です。たとえば、外国人の少ない地域でビザ申請や外国人雇用を得意とするスペシャリストになろうとするのは無謀です。一般的に、スペシャリストでやっていけるのは、首都圏はじめ大都市圏で士業を開業する場合と考えてください。

士業にもスペシャリスト、ゼネラリストという2つの方向性があることを知り、自分がどちらに向いているか、さらに地域性を考慮してスペシャリスト、ゼネラリストのどちらに顧客の需要がありそうかを考慮して、方向性を見極めてください。

④ 経営を学ぶ・専門知識を深める・人脈を広げる

私の場合は、最後の国家資格取得から定年（＝開業）まで5年あったので、入念に士業経営の準備ができました。開業前にやったことは、次の9つでした。

（1）士業経営講座に参加（士業経営のノウハウ＋人脈）

（2）士業周辺資格の取得　（専門知識を深める）
（3）社会保険労務士会に登録（専門知識を深める＋人脈）
（4）士業勉強会に参加　（専門知識を深める＋人脈）
（5）異業種交流会に参加（人脈づくり）
（6　同窓会、県人会等に参加（人脈づくり）
（7）ＨＰやブログ、Facebook の開設（集客）
（8）販促ツールの制作（集客）
（9）事務所の選定

開業準備といえば7～9を想像しがちですが、むしろ1～6が大切です。

つまり、「経営を学ぶ」「専門知識を深める」「人脈を広げる」という3つの柱が、起業前に大事なマーケティングです。今後の士業人生を左右する重要なファクターになるこの3つは、起業準備期間から創業1年くらいまでの最重要課題と思ってください。

起業・経営講座に参加しよう

現在、地方自治体や中小企業振興公社等の公的機関が主催する「起業セミナー」や、起業コンサルタントが開催する「起業塾」など、起業家向けの講座がたくさんあります。単発の講座もありますが数回にわたる連続講座が多くみられ、公的機関主催の場合は開業前から開業後1年未満までの人を対象としていたりします。

連続講座は仲間づくり、人脈づくりにもなり、起業や経営のためのポイントが学べるので、参加をお勧めします。

私の場合は、行政書士資格をとった翌年2009年から3年間、「資格起業家養成講座」という横須賀てるひささんが主宰する「経営天才塾」で講座を受講しました。士業だけを対象とするこの講座を見つけたのは、ネット広告でした。塾長の横須賀さんは当時まだ30代になったばかりでしたが、月1回開催されるこの講座には全国から若手の士業が集まっていました。私を除くほとんどの受講生がすでに開業していたので、私は年下の先輩達に囲まれて開業や経営に必要なマーケティングを学びました。

今も私がもっているこの講座のテキストは、年間2冊で各A4サイズ約200ページ。付箋をつけたりやマーカーを引いたところがたくさんあります。

士業だけを対象とするこのセミナーでは、「先生」と呼ばれる「士業」の座にあぐらをかいていられる時代ではないということが、毎回の講義から伝わってきました。

そして士業開業のための姿勢やノウハウを学びながら、一方では塾生同士の交流が生まれました。「士業は6～7年で一人前になる」と講義で聴きましたが、その言葉どおりに当時は駆け出しで無名だった仲間たちが、今では専門分野の第一人者となり活躍する人が大勢います（彼らの中でとくに交流のある5人の著書を次ページに紹介しました）。

「学んだことは実行する」のが私のモットーなので、開業時から学んだことを忠実に実行しました。それで今日の私があるといっても過言ではありません。よい師、よい仲間に巡り会えたと思っています。

役だつ書籍

●塾長の書籍

「資格起業家養成講座」のテキスト（右）と代表的な著書（下）。

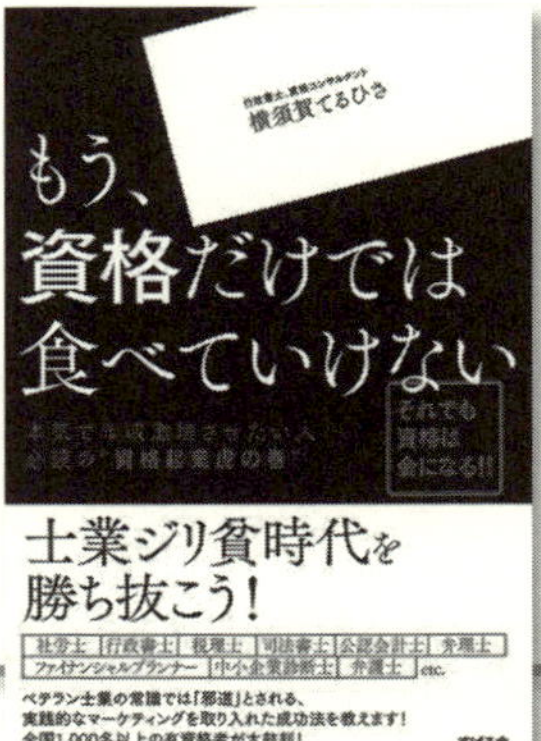

塾長＆塾生の
起業・経営に

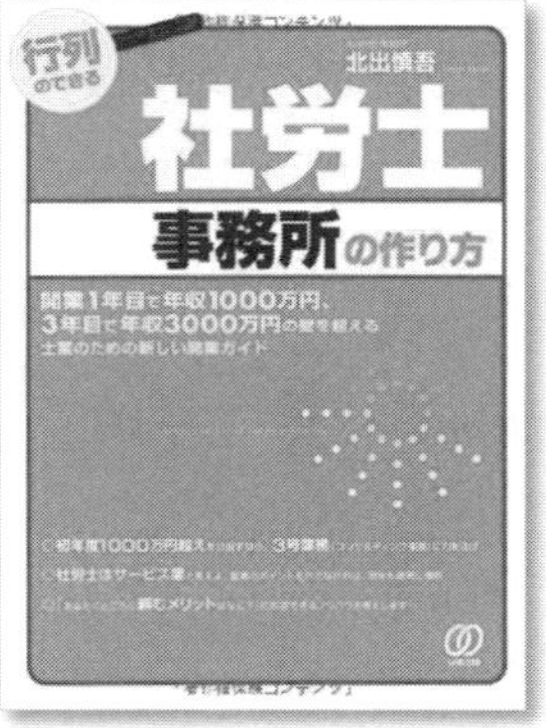

●塾生の書籍

起業天才塾で学んだ彼らは、今やその道のスペシャリストだ。

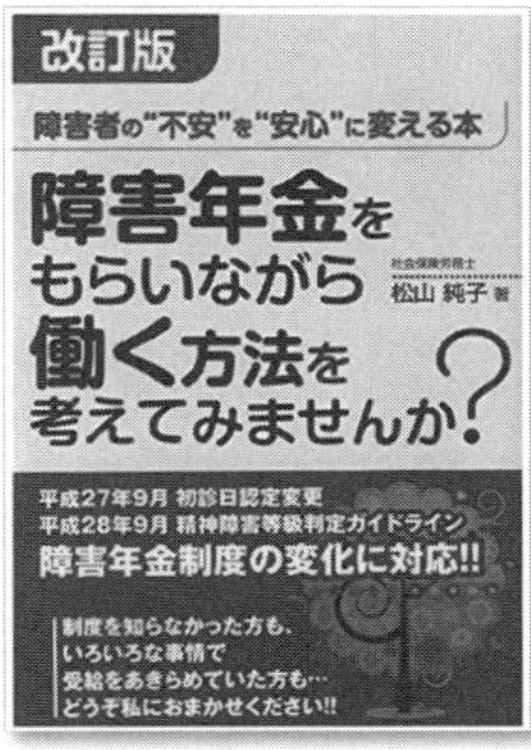

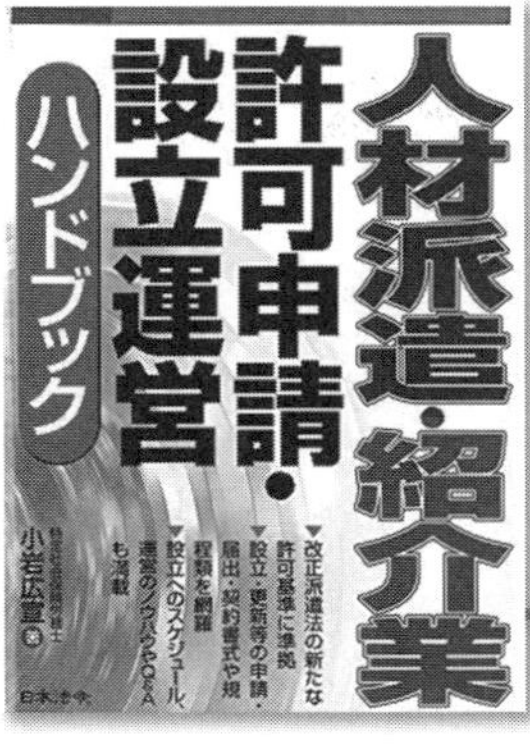

専門知識を学び続けよう

❶ 士業勉強会に参加する・主催する

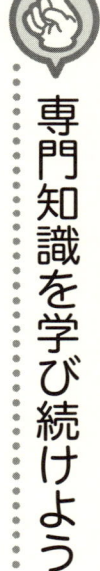

社会保険労務士資格取得後、資格学校の仲間と、月1回、「Aセミナー年金プランナーの会」という勉強会を始めました。会長は年長者の私がやることになり、メンバーは15名、3年間続きました。もっと長く続かなかったのは、全員開業前だったので事例がなかったのが原因ですが、開業準備としては非常によい機会でした。今も連絡をとりあう仲間が数名います。

士業には自主的な勉強会がたくさんあります。とくに盛んなのが社会保険労務士と行政書士です。知り合いが勉強会を開催していたら、その会に参加してみることです。何回か参加していると親しい人間関係ができるので、開業時には得がたい人脈になります。参加するときは、開業後にいつかは自分も勉強会を主催しようといった心構えをもっていると、どう運営すればよいかという視点も生まれ、参加するだけとは違った成果が得られます。

2 関連資格を取得する

第1章で述べたように、1つの国家資格には衛星のようにたくさんの関連資格や周辺資格があります。たとえば、税理士の場合はビジネス実務法務検定、社会保険労務士の場合はメンタルヘルスマネジメント・DCプランナー・年金アドバイザー、行政書士の場合は貸金業務取扱主任者やマイナンバー実務検定といった資格です。

資格マニアすなわちゼネラリスト志向の強い私はさまざまな資格をとりましたが、スペシャリスト志向の強い人は、これらの資格の中から、将来士業を開業したときに得意としたいジャンルを見極めて資格にチャレンジするとよいと思います。

3 士会に登録して勉強と人脈づくり

士業の国家試験に合格して開業が射程距離に入ったら、開業予定または自宅のあるエリアの〇〇〇士会に登録することです。登録完了までには数週間～数か月かかります。なお、行政書士会には、事務所（自宅も可）をかまえなければ登録できません。

私は開業の2年前に自宅のあるエリアの社会保険労務士会に登録しました。ダブルライセンスの場合は、どちらかの士業の会1つでよいと思います。登録料はともかく年会費が高いからです。入会時にかかる諸費用は各都道府県によって異なりますが、大都市圏でのおおよその目安は、行政書士15～25万円、社会保険労務士11～20万円、税理士25～30万円、司法書士35～42万円といったところです。

費用はかかりますが、各士会では研修や講習、分科会ごとの学習会などがたくさん開催されており、親睦会もあります。士業は横のつながりが強く、士業間で仕事を融通しあったり、先輩が後輩を気にかけてくれたりします。つまり、各士会は、開業までの（もちろん開業してからもですが）勉強と人脈づくりにも非常に適した会だということです。

資格をとって士会に登録すれば業務が可能になりますが、もし開業まもなく「こんなことを、すぐにしてもらえますか」と尋ねられても、知識がなければできません。各士業の業務範囲は広く、それぞれに深い知識が必要です。業務をこなしつつ経験を積んでいくという面もありますが、そんなときに尋ねられる同業先輩がいれば心強いし、事前に研修や講習を受けて「いざというとき、あわてない準備」をしておくと安心です。そのためにも、資格をとれば登録できる士会には、早めに登録することをお勧めします。

資格取得後も
専門知識を学び続ける
勉強会に参加する
勉強会を主催する
士会に登録する
資格
資格
資格
資格
合格
関連資格をとる
勉強会は
人脈づくりにもなるよ

人脈を広げよう

1 現在の人脈をチェックする

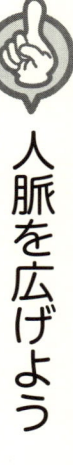

人脈とは次のような「あなたの生き方に良い影響を与えてくれる友人知人」をさします。

(1) 業務上の問題解決で知恵を貸してくれる
(2) 個人的な相談事にのってくれる「精神的なよりどころ」になる
(3) その人と話していると自分の考えが整理される
(4) 一緒に飲食などをして、楽しく気分転換できる愉快な飲み仲間
(5) 趣味が一致して、生活の張りを持たせてくれる
(6) その他、交流することによって良い影響を受ける　といった人たちです。

集客にはホームページを利用するという方法もありますが、SEO対策をはじめ広告宣伝費のわりに集客が見込めないというのが現実ではないかと思います。だからこそ、まず現在の自分の人脈の棚卸からはじめてください。

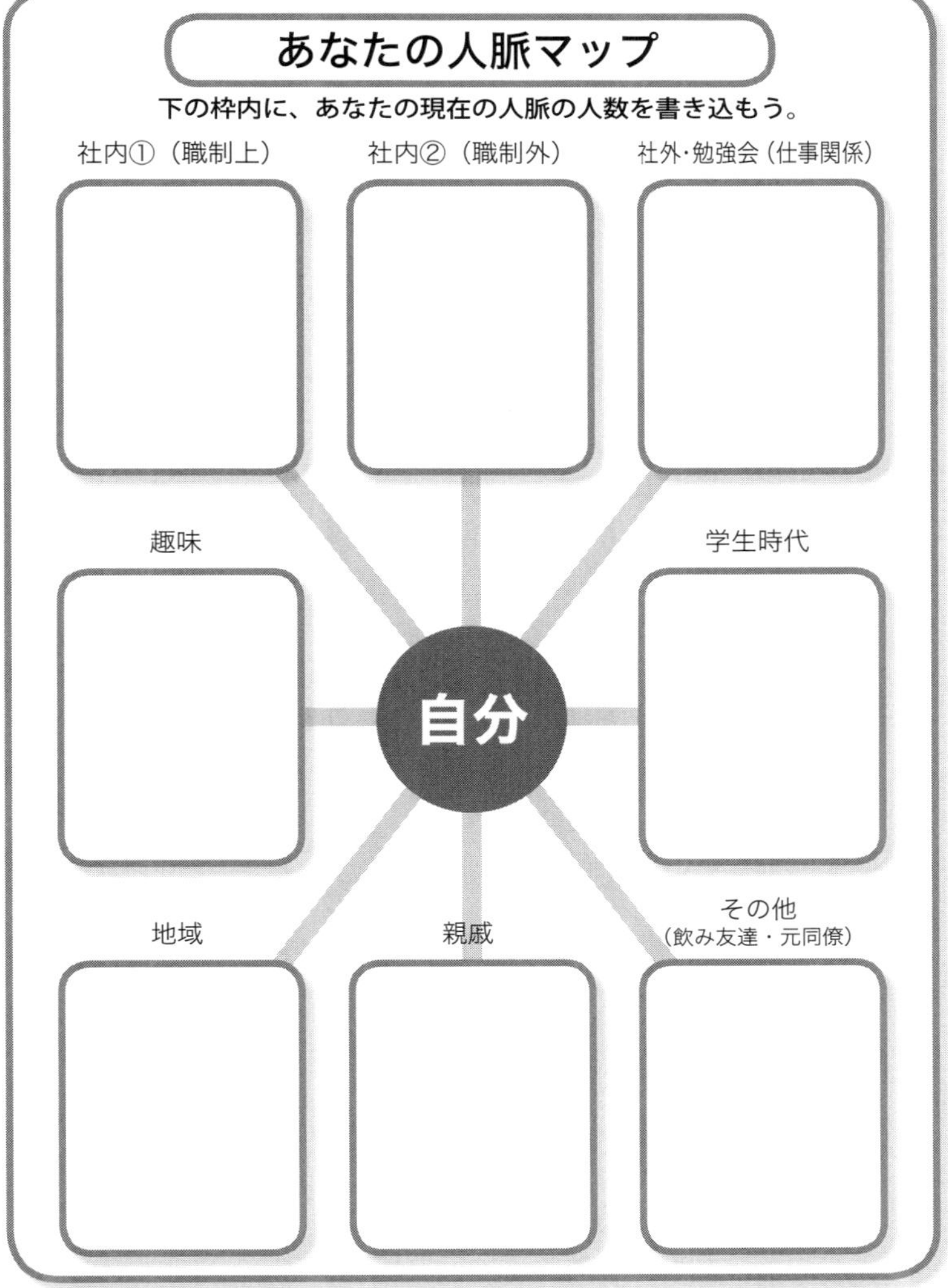
あなたの人脈マップ
下の枠内に、あなたの現在の人脈の人数を書き込もう。
社内①（職制上）
社内②（職制外）
社外･勉強会（仕事関係）
趣味
学生時代
自分
地域
親戚
その他
（飲み友達・元同僚）

❷「人脈づくり」は起業前の重要課題

前ページで「人脈の棚卸」をした結果、合計数が50人未満の人もいるかもしれません。50歳の会社員のときに、これをやったとき、私はたった38人しか思い浮かびませんでした。それで、定年退職後は士業として起業したいと思うようになったとき、2つのことを強く心がけました。1つは「士業資格をはじめ、できるだけたくさんの資格をとること」、もう1つは「人脈を広げる」ことでした。士業資格を取得して開業準備期間になってからは、「人脈を広げる」ことが、いちばん大事な課題となりました。

初めての人脈棚卸から13年後、この本を書くにあたって、もう一度「人脈」の数を数えました。1090人でした。住所録に記載した人数は、この2倍以上になります。1090人は、名前を見て「あの人」と顔が浮かぶ人数です。

「深い交流があれば、人数は少なくてもいい」と思うのは、間違いです。思いがけない人から紹介をいただいたり依頼を受けたりすることがよくありますから、人脈の母数の大きさと仕事受注の件数はおおよそ比例すると思います。

私の人脈マップ ―過去と現在―
上の数字が 13 年前、下の数字が現在の私の人脈の人数です。
社内①（職制上）
0
4（顧問先等）
社内②（職制外）
0
11
社外·勉強会（仕事関係）
11
694
趣味
2
139
自分
学生時代
2
40
地域
2
35
親戚
2
2
その他
（飲み友達・元同僚）
4
130

❸ 進んで人と会う

士業だから営業をしなくてもよい、営業など考えられない、人と会って自分を売り込むのは気が進まない……、そういった姿勢では「稼げる士業」になれません。起業後1年間は赤字を覚悟しておいたほうがいいのですが、開店休業状態が何年も続いて転職を考えざるを得ないといった状況に陥らないためには、「人脈を広げる」しかありません。

人脈を広げるためには、まず人と会うこと。現在はSNSなどのバーチャル空間で、会ったことがない人と知り合う機会が増えました。そして遠隔地でもメールや電話で仕事の発注があったりします。しかし、士業の場合、会ったことがない相手から仕事を受注する割合は非常に少なく、面識のある人から仕事がやってきます。

人と会うことが苦手な人は、それを克服する努力をしたいものです。いや、苦手だと言っている場合ではない、と自覚してください。どうしても話すのが苦手な人は、「その場にいないよりいるほうがいい」といった気持ちで、集まりに参加しましょう。

士業は個人事業主だから、「自分が看板」といった気概をもっていれば、次第に人づきあいも苦にならなくなります。

❹ 士業勉強会は仕事人脈の宝庫

先に述べたように、士業は概して勉強会が盛んです。同じ士業が学び合う勉強会も、他士業とともに切磋琢磨する勉強会もあります。学ぶことや情報を得ることが目的ですが、派生的に生まれる人間関係は得がたい人脈になります。先に述べたうちの

(1) 業務上の問題解決で知恵を貸してくれる

(2) 個人的な相談事にのってくれる

(3) その人と話していると自分の考えが整理される

といった人に、勉強会で出会えることが多いのです。

ところで、同じ士業同士はライバルと思っていませんか？ 確かにライバルでもあるのですが、実際は仕事を融通しあったりする「仲間」です。敵愾心をもっていては、いつまでも打ち解けられません。勉強会だけに限りませんが、会に参加するときは警戒心や羞恥心を捨ててオープンマインドで参加したいものです。

5 異業種交流会に参加する

現在、異業種交流会やビジネス交流会が非常にさかんです。参加費のほかに入会金や年会費が必要な交流会も、フェイスブックなどで呼びかけられる参加費だけの交流会もあります。異業種交流会という同じ括りでも、2つは方向性が違います。前者は一般的にメンバーが固定されるため仲間意識が強く、その結果、仕事の受注につながることが多い反面、課せられる義務があることも多いと聞きます。後者はその逆で、気軽さが特徴です。まずは気軽な異業種交流会やビジネス交流会に参加しましょう。

5-① 初参加の心得

「参加費が5000円なんですね。その交流会に参加したら、なにか見返りがありますか?」と後輩に尋ねられて、正直、驚いたことがあります。交流会に参加したからといって、すぐに仕事に結びつくと期待してはいけません。ビギナーズラッキーがあるかもしれませんが、それを期待してはいけません。

異業種交流会は「営業の場」ではなく「人脈を広げる場」です。

初めての参加で勢いこんで営業するのは、あなたの好感度を下げます。主催者が設定した時間内で自分の業種や得意分野をゆっくり話すことがいちばん大事と心がけ、あとの時間はまわりの人と談笑します。相手が自分の職業について尋ねてくれても、長々と話すのは禁物です。相手に質問して、笑顔で聞き役にまわるといった姿勢のほうがよいのです。

❺-② 継続して参加する

まず、いくつか交流会に参加してみましょう。その中で自分にフィットする会を見つけたら、継続して参加します。１つでも２つでもよいので、常連になることが大切です。

交流会にかぎらずどの会にも言えることですが、継続して参加し常連になって初めて確実な「人脈」になるのです。

さらに、「人脈は手入れしなければ次第に涸れてしまう」ものです。たとえあなたが多忙になった後でも、その人脈を大事にしたいと思うなら、できるだけ参加し続けることです。

私が起業前に参加した異業種交流会は８つ。開業の１年前ぐらいから、異業種交流会に参加しました。現在も8つありますが、入れ替わっていますし、毎月参加を心がけている会も、年に1～2回程度の参加という会もあります。

❻なつかしい人脈を掘り起こす

なつかしい人脈の母体といえば、

① 同窓会（小中高大学）
② 県人会
③ 会社の同期会、ＯＢ会　　などです。

若い頃、何年も生活を共にした人が集まる同窓会、今はまったく違う生活圏で暮らすからこそ懐かしい言葉が聞ける県人会、何十年も同じ釜の飯を食った会社の同期会やＯＢ会は、士業勉強会や異業種交流会と違って「親しさ」の素地があります。

いずれも定年をすぎれば、起業していなくても参加する機会が増える会ですが、なかでも「②県人会」の出席者は比較的高齢者が多いため、中年層の参加は喜ばれます。

懐かしい人脈の母体は、起業を決めたら、まず「参加することに意義がある」というぐらいの気持ちで出席してみるとよいでしょう。

13年前、「人脈」に目覚めた私は、最後の国家試験である行政書士資格を取り終えた直後に、東京福井県人会、イエロー会（若手福井県人会）、75年次稲門会等に入会しました。

⑦ あなどれない趣味の人脈

趣味の仲間は、士業勉強会や異業種交流会、ビジネス交流会より「親しさ」の密度が濃くなりやすい人脈です。
（5）趣味が一致して、生活の張りを持たせてくれるそんな人たちに出会える会です。そして、趣味人脈からの仕事の紹介もあなどれません。
もし、これまで会社と試験勉強でこれといった趣味がないなら、ゴルフを勧めます。

ゴルフは会社員時代からの長年の私の趣味でもあります。

試験勉強中は極力抑えていたのが、資格取得と同時に再び解禁にして、さらに開業にともない、行政書士会と社会保険労務士会の同好会、大学や県人会の同好会、顧客関連の会と、現在は8つの会に入っています。

そして、顧客の紹介がもっとも多いのが趣味のゴルフ仲間です。

⑧ 地域人脈も大事にしたい

サラリーマンは自分が住む地域との関係が希薄ですが、個人事業主になれば時間の都合もつきます。

妻や親まかせにせず自治会などの集まりにも参加することです。子供が同じ学年だったりして運動会などで顔をあわせたことがある人もいるかもしれません。飲み仲間ができるかもしれず、地域でなにか一緒にやろうということになるかもしれません。

地域人脈は、本来、生活のために必要な人間関係ですが、その中から仕事が生まれることはおおいにあります。私は、ご近所の方から相続の相談を受けたりしています。

⑨ 人脈は継続参加で広がる

以上、士業の人脈づくりの母体となる会のおもな種類を述べました。整理すると次ページのように、8つの種類になります。

私がこれら全てに関わろうとしたのは、人脈の少なさを自覚して可能な限り人脈を広げようとしたからですが、現在、あなたは8つのうち何種類の会に参加しているでしょうか。2つ以下なら、開業までにあと1つは人脈の母体となる会をもってもらいたいと思います。継続的に参加して常連になり、会の役員や幹事の打診があったときは進んで引き受けてください。

一度名刺交換して挨拶しただけでは、自分の人脈にはなりません。常連になり、できれば役職をひきうけてこそ、会のメンバーが確実な人脈になると知っておいてください。

人脈の母体となる会の種類

①　経営のための勉強会
②　士業勉強会
③　異業種交流会
④　同窓会（小中高大学）
⑤　県人会
⑥　会社の同期会、ＯＢ会
⑦　趣味の会
⑧　地域活動　など

事務所を選ぼう

自宅開業か事務所新設かを決めなければなりません。事務所を構えればランニングコストがかかるのは当然です。開業半年間は売上げをゼロ、後の半年は数件といった最悪の仮定で予算を組んだとき、事務所を構える余裕がないこともあるでしょう。しかし、自宅が不便な場所にある人は少々無理をしても事務所を構えたほうがいいのです。

先日、「駐車場がありませんので、公共機関でお越しください」と注意書きがある名刺をいただきました。開業されたばかりの方でした。住所を見ると都心ではなく不便な場所で、駅からバスで15分ぐらいかかりそうなところでした。今後のアドバイスを求められ、私は「まず、その名刺を作り直したほうがいいと思いますよ」と答えました。

もし、私が交通の便の悪い場所で開業するとしたら、「最寄り駅からタクシーでお越しください」と書きます。タクシー代をお支払いします、とわざわざ書かなくてもいいです。帰りには、事務所の名前でタクシーを呼んでください。

全てにおいて言えることですが、「自分がやろうとしていることが顧客にとってどうか」

という視点を常にもつことです。

いま、都心をはじめ大都市圏では「レンタルオフィス」というサービスもあります。事務所の登記住所にできて、毎日そこを事務所として利用することも、打ち合わせなど必要な時に利用することもできるサービスです。これなら、事務所として1部屋を借りる場合の数分の1の経費で済みます。こういったサービスを検討してみるのもよいでしょう。

自宅開業か事務所かという問題とともに、「どこで開業するか」は、今後の事業展開に大きく影響します。かならずしも都心や大都市圏の中心部がよいわけではありません。現在、都心では士業開業者が非常に多く、かえって競争が厳しいとも聞きます。また、事務所と自宅が離れすぎているのも、費用と時間の点で問題があります。

会社員時代、都心まで片道2時間の通勤をしてきた私は、その半分の通勤時間ですむ首都圏の大都市、大宮から徒歩8分のところに事務所を構えました。都心や都下郊外に出かける機会も多く、交通の便がよいこの選択は正解でした。

開業準備はこれで万全！

①　マーケティング戦略を練る

②　起業・経営講座に参加する

③　勉強会に参加する

④　人脈を広げる

⑤　事務所開設を検討する

⑥　士会に登録する

⑦　HP、ブログ、SNS を始める

⑧　名刺・挨拶状を作成する

⑨　販促グッズを準備する

ホームページ、ブログ、SNSを始めよう

1 ホームページ作成のポイント

実際に人と会うことがもっとも効果的な集客方法だと私は確信していますが、今や士業にとってホームページは欠かせません。面識のある人でも仕事の発注にあたってHPを見る確率は高いし、HPがあったほうが信用度が高くなるからです。

開業前で資金に余裕がないときは、無料でHP制作ができるサイト（「ホームページ無料」で検索すれば、いくつもヒットする）を利用して、自分で作成することもできます。アナログ営業重視の私は、開業前に他に資金をまわしてHPを自作し、開業2年目にHP制作を知人に依頼しました。

自分でHPを作るにあたって参考にしたのは、前掲の『行列のできる行政書士事務所のつくりかた』（横須賀てるひさ著　ぱる出版刊。HPの作り方以外に多くのアドバイスが記されている）です。開業前なので、「お客様の声」を掲載することはできなかったし、「報

酬を必ず記載する」については、記載しませんでした。HPで仕事をとろう（とれる）と思っていず、HPは現実の出会いを補完し契約に至る一助となるツールにしようと考えたからです。

初めてのHP制作で心がけたのは、次の4つのことでした。

(1) 画面はシンプルにする

(2) 電話番号や問いあわせ先を目立たせる

(3) プロフィールを詳細に書く

(4) 得意分野について、わかりやすく書く

先の「士業マーケティング」で起業前に自分の強み、専門分野をみつけることが大切だと書きましたが、「あれもこれもできます、やります」と書いてもインパクトがありませんし、画面も見づらくなります。まして開業直後にHPを見た人には、実務経験がないのにあれもこれも書いているのは、かえって信用度を落としそうです。

起業前に制作するHPのポイントは、シンプルな画面で読みやすく、業務を絞った提示を心がけるということです。

❷ SNSよりブログ

ＨＰに掲載するのは基本的に固定の情報であり、日々の情報発信のベースとなるものに、ブログやＳＮＳ（social networking service の略。フェイスブック、ツィッターなど）があります。現在、フェイスブックが非常に盛んなので、なかにはフェイスブックをＨＰやブログ替わりにしようと考えている人がいるかもしれません。フェイスブックはメッセージも送れてメールに替わる機能がある、ブログより親しい関係が作れるといった長所がありますが、誰もがやっているわけではないし、フェイスブックの過去記事は検索エンジンにひっかからず、情報が流れ去ってしまいます。反面、ブログは過去記事も検索エンジンにかかり、日々の情報がストックされます。

しかし、一度に全てを始めるのは予想以上に大変です。ＨＰ以外に何か1つというのなら、ブログがお勧めです。日本最大のアメブロ（Ameba blog）につくるのがよいでしょう。「自分をもっとよく知ってもらうために、ブログは有効なツールです」と、経営天才塾で学んだ私は、その翌日からブログを書き始め、8年間毎日更新しています。タイトルは「資格マニアやまちゃんのブログ」で、現在は１１００人を超える読者がいます。

名刺、挨拶状をつくろう

1 印象に残る名刺を

開業グッズのなかで、私が一番力を注いだのは名刺でした。

長年、士業の名刺といえば「事務所名、氏名、連絡先」だけが書かれた黒一色の名刺が主流でした。「先生」と呼ばれ集客の必要がなかった頃はこれで十分だったでしょうが、いまは違います。「印象に残る名刺」、「会話のきっかけになる名刺」、なにより「自分がどういう人物でどんなジャンルが得意なのかがよくわかる名刺」が必要だと考えました。

それでオールカラー２つ折り、写真入りにして、事務所名、氏名、連絡先のほかに、業務説明、経歴、趣味、ブログ名を入れました。「資格マニアやまちゃん」というブログ名は、１００の資格をアピールするためでもあり、開業にあたって何が自分の特徴になるか、強みになるかと考えた結果でした。この特徴ある名刺で、一度で私のことを憶えたと言ってくれる人がずいぶんいました。

❷ 挨拶状には地図を

士業開業に欠かせないのが挨拶状の葉書です。シンプルなものが多いのですが、私は表面を黒1色、裏面をカラーにしました。カラーページをA４サイズに拡大して、異業種交流会などで配布するチラシとして流用するためです。

開業の挨拶状には事務所の地図が必須なので、挨拶状を出すのにちょうどよい1か月から2週間ぐらい前までには事務所の場所を決めておく必要があります。

私は地図のほか、業務内容を「法人向け」と「個人向け」の2つに分けて入れました。このような葉書と開業チラシを、各１０００枚印刷しました。

挨拶状は毎年の年賀状の送付先だけではなく、仕事先を見込んだ新しい人脈にも送付したいものです。そのためにも交流会や同窓会などに参加し、名刺交換した相手は住所録に書き加えておきます。前職が会社員なら習慣がついているはずですが、そうでない人は出会った人のデータをその日のうちに住所録に登録する習慣をつけなければなりません。

販促グッズを用意しよう

人から何かをもらって不快になる人はいません。ボールペン1本でも記憶に残ります。さらに、大企業から何かをもらうより、「○月に開業しますので、よろしくお願いします」と、個人事業主から笑顔で手渡されたほうが印象に残ります。開業前はとにかく物入りだということは誰でも想像がつきます。そんな相手からグッズをもらったら、「この人は本気だな」とか「ちゃんとしてるな」とか「余裕の開業だな」とか思われるようです。

士業が開業のときに販促グッズを用意する人は少なく、異業種交流会などでの配布は効果的です。「名刺＋販促グッズ」効果で、一度で顔を覚えてもらえました。

私が用意したのは、マグネット（色違いで3種類）1000個、メモ帳（大・小）各200、ボールペンとシャープペンのセット300でしたが、1種類でももちろんいいでしょう。

予算が許せば、「どうぞよろしく」という気持ちを形にすることは、ぜひやったほうがいいことの1つです。

名刺はオールカラー 写真入り・2つ折り

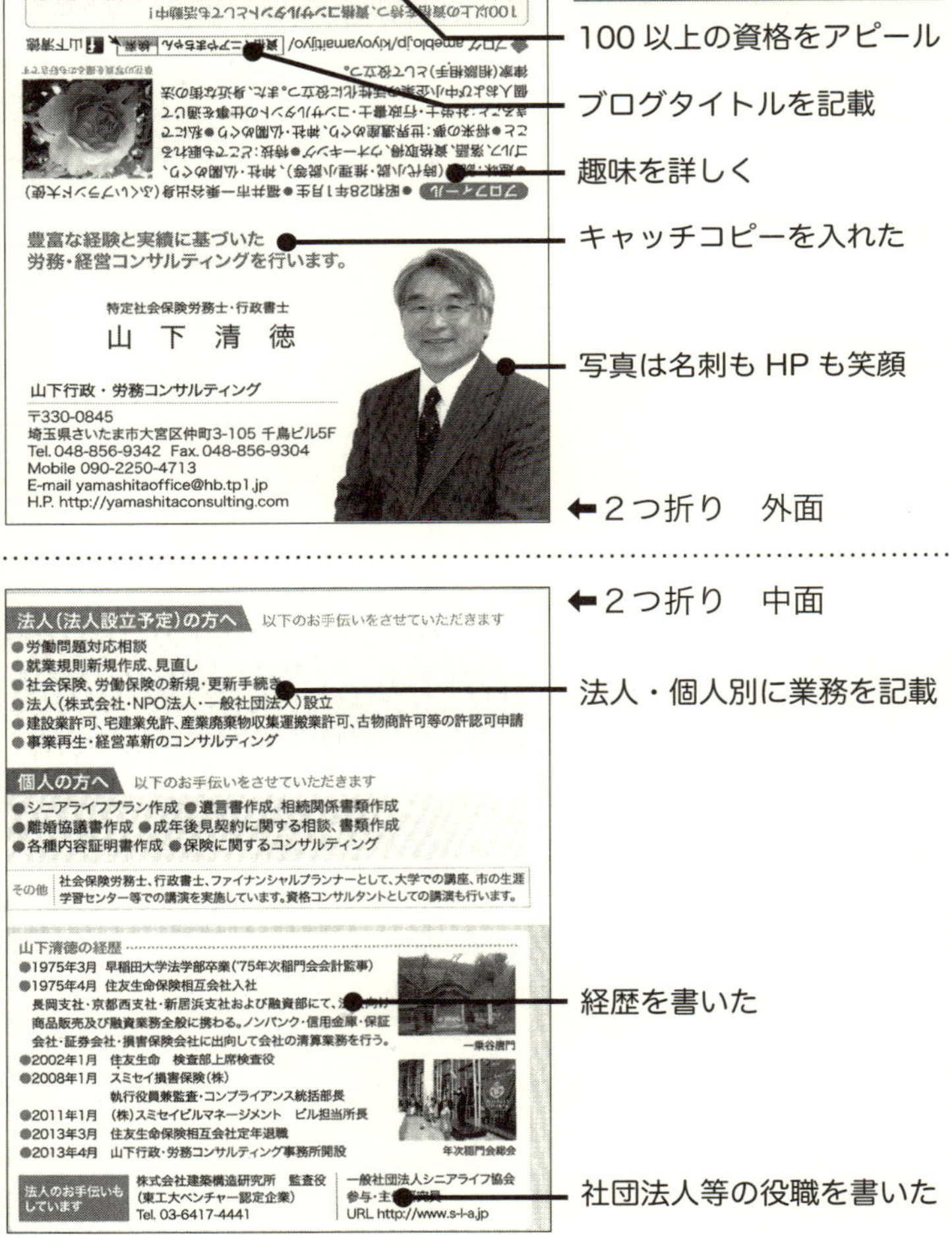

拝啓　時下益々ご清栄のこととお喜び申し上げます。

さて、私儀３月31日をもちまして38年間の会社生活を終えるとともに、４月１日よりさいたま市大宮区にて新規に事務所開設いたしました。

在職中に取得しました、社会保険労務士、行政書士、第１級ファイナンシャル・プラニング技能士、宅地建物取引主任者等の国家資格、多数の金融関連会社にて会社整理に携わった経験、また９年間の内部監査部門の経験をもとに、コンプライアンスに精通したコンサル事務所（山下行政・労務コンサルティング事務所）でございます。

新事務所はＪＲ大宮駅から徒歩８分と大変便利な場所ですので、是非お気軽にお立ち寄りくださいますようお願い申し上げます。

まずは略儀ながら書中をもってご挨拶申し上げます。

敬　具
平成25年４月吉日

山下行政・労務コンサルティング
特定社会保険労務士・行政書士
山　下　清　徳
〒330-0845
埼玉県さいたま市大宮区仲町３－105
千鳥ビル５階
ＴＥＬ：048(856)9342
ＦＡＸ：048(856)9304
携　帯：090－2250－4713
Email：yamashitaoffice@hb.tp1.jp

私は以下のようなお手伝いをさせていただきます。

私の経歴

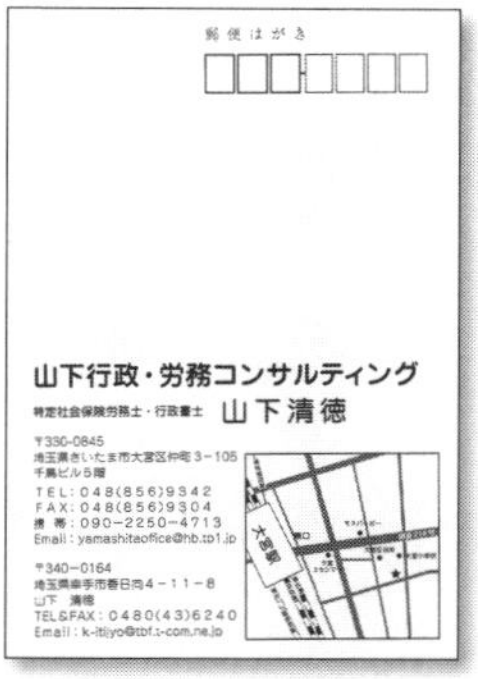
郵便はがき

山下行政・労務コンサルティング
特定社会保険労務士・行政書士　山下清徳
〒330-0845
埼玉県さいたま市大宮区仲町３－105
千鳥ビル５階
ＴＥＬ：048(856)9342
ＦＡＸ：048(856)9304
携　帯：090－2250－4713
Email：yamashitaoffice@hb.tp1.jp
〒340－0164
埼玉県幸手市香日向４－１１－８
山下　清徳
TEL&FAX：0480(43)6240
Email：k-itijyo@tbf.t-com.ne.jp

挨拶状と挨拶用グッズ

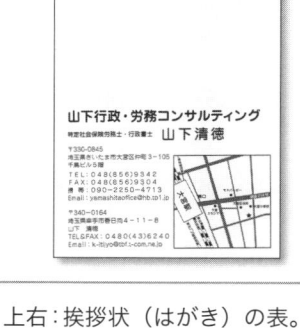

上右：挨拶状（はがき）の表。
上左：挨拶状の裏がカラー、A4サイズのチラシにも使用。
下：挨拶用粗品。メモ帳２種類、ボールペンとシャープペン２本セット、マグネット。

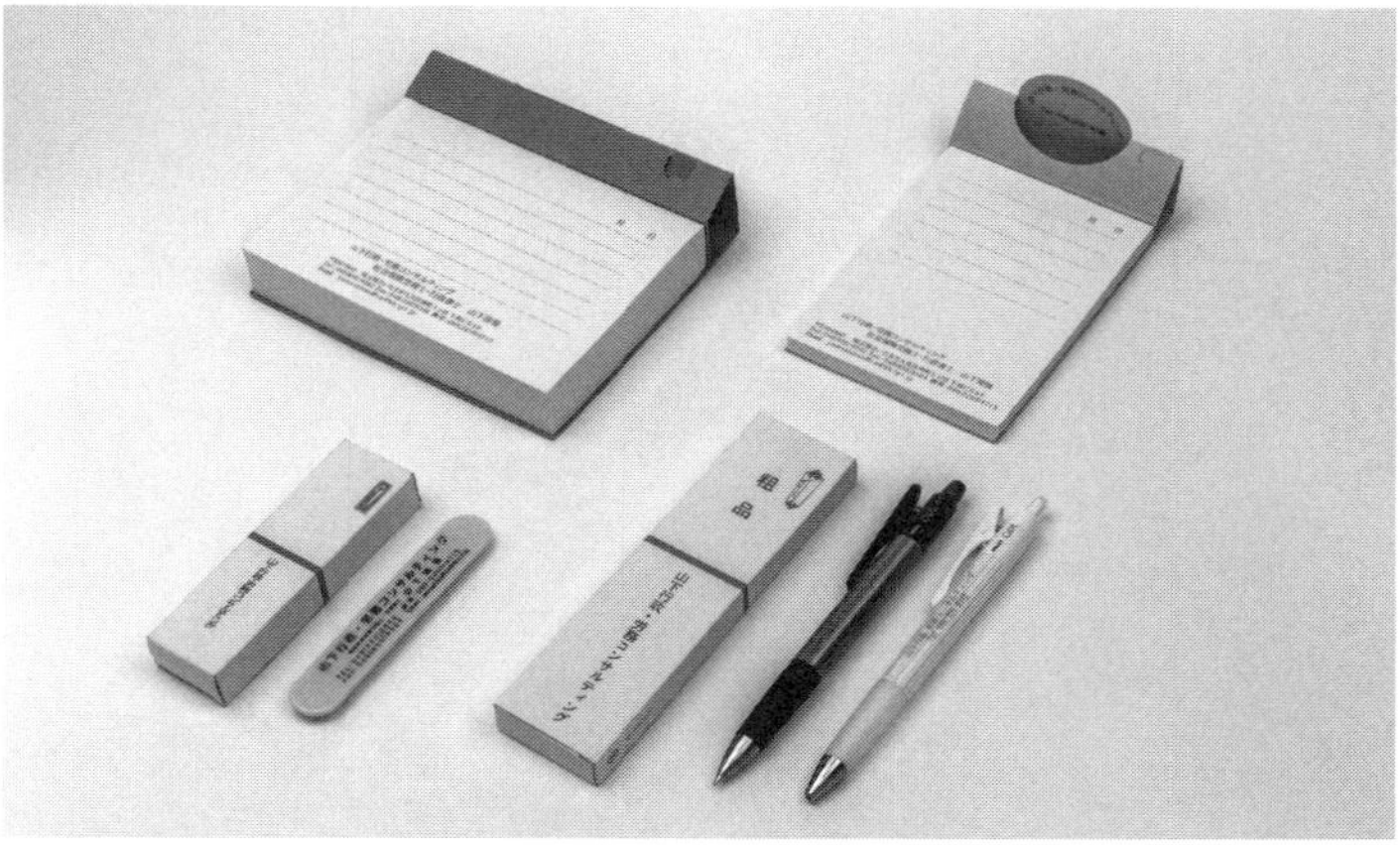

あとがき

平成28年6月に「ニッポン一億総活躍プラン」が閣議決定されました。

「経済成長の隘路である少子高齢化に真正面から立ち向かう。広い意味での経済政策として子育て支援や社会保障の基盤を強化、それが経済を強くするという新たな社会経済システムを創る。究極の成長戦略。」とうたわれていますが、「女性も男性も、お年寄りも若者も、一度失敗を経験した方も、障害や難病のある方も、家庭で、職場で、地域で、あらゆる場で、誰もが活躍できる、いわば全員参加型の一億総活躍社会を実現。」するというものです。

プランはプランとして、現実の社会は正規社員と非正規社員の賃金格差は広がるばかりですし、介護職員や保育士等労働環境が厳しいのが現実です。そして、こういった状況下にある介護職員や保育士等について「資格」があれば手当を厚くしようという方針が打ち出されています。
介護職員や保育士等にとどまらずニッポン一億総活躍時代において「資格」が強い武器になることは間違いありません。

私の周りには念願の士業開業をしたものの仕事がなくて廃業やサラリーマンに戻らざるを得ないという方も少なからず見受けられます。ある士会〇〇支部の会合で、「せっかく開業したのだから最低限喰っていける仕事を〇〇支部として斡旋してほしい」という発言がありました。どんなに難しい資格試験であっても、登録すればその支部から仕事が回ってくるということはありえないことと思います。敢えてあるとすれば弁護士の国選弁護人制度ぐらいでしょうか。

多くの人たちから「山下さんはどうしてそんなに仕事があるのですか。以前勤めていた会社から仕事の斡旋が沢山あるのですか」と言われます。もう少し以前勤めていた会社に積極的にPRしていたらもっともっと稼げているかもしれませんが、定年退職後会社に足を向けたことはありません。

こういった相談が多くあるものですから、曲がりなりにも開業1年目からある程度の実績を出すことができた要因を自分なりに考えて本を出版することにしました。

これから資格取得にチャレンジする方は第1章（さまざまな士業資格と関連資格）、第2章（ダブルライセンス取得計画）と読み進めていただきたい。今まさに資格試験勉強中の方は第3章（資格取得のための勉強法）をお読みください。既に国家試験に合格してこれから開業を考えている方は第4章（これで万全！開業準備）をお読みください。

国家資格試験は最近とみに難しさが増しているように思います。厳しい試験勉強をやり上げて資格を取得したからにはその資格を利用して稼いでいただきたい。「稼げる士業」になっていただきたい。そのためには開業前の準備をしっかりとやっていただきたいという想いで書きました。全ての資格試験受験生や開業前の資格試験合格者に読んでいただけたら幸いです。

最後に、８年間書き続けた資格マニアやまちゃんのアメブロを全部読んでいただき、資格関係の本書の出版を勧めていただいた株式会社めでぃあ森の森恵子さんに感謝申し上げます。

平成28年11月 吉日

特定社会保険労務士・行政書士
山下清徳

著者紹介

山下 清徳（やました・きよのり）

山下行政・労務コンサルティング 代表　　特定社会保険労務士・行政書士
1953 年福井県福井市生れ。早稲田大学法学部卒業後，住友生命入社。2013 年定年退職の翌日、「山下行政・労務コンサルティング」を独立開業。1 級ファイナンシャル・プランニング技能士，宅地建物取引士など 100 以上の資格を持つ。業務に関するあらゆる資格をもつゼネラリストとして、会社顧問や相続相談で活躍。

８年間毎日更新している「資格マニアやまちゃんのブログ」の読者は 1000 人以上。

趣味はゴルフと神社・仏閣めぐり、時代小説を読むこと。

ふくいブランド大使、早稲田大学商議員、一般社団法人シニアライフ協会 参与、株式会社建築構造研究所 監査役、特定非営利活動法人相続協議会 理事。


中年から「稼げる士業」になる！

―資格取得から開業準備まで―

2016 年 12 月 23 日　第 1 刷発行

著　者　山下清徳
発行者　森　恵子
発行所　株式会社めでぃあ森　http://mediamori.com
（本　社）東京都千代田区九段南 1-5-6 りそな九段ビル 5F
（編集室）東京都東久留米市中央町 3-22-55
TEL.03-6869-3426　FAX.042-479-4975
印刷・製本　シナノ書籍印刷

ISBN 978-4-9906640-5-3　C2034